日月光华

古诗词里的四季

李尚容 编著

广州新华出版发行集团
广州出版社

图书在版编目（CIP）数据

日月光华：古诗词里的四季 / 李尚容编著 . — 广州：广州出版社，2021.12
（诗教中国）
ISBN 978-7-5462-3235-5

Ⅰ . ①日… Ⅱ . ①李… Ⅲ . ①古典诗歌—中国—小学—教学参考资料
Ⅳ . ① G624.203

中国版本图书馆 CIP 数据核字（2021）第 178293 号

书　　名 **日月光华：古诗词里的四季**
Riyue Guanghua：Gushici li de Siji
著　　者 李尚容
出版发行 广州出版社
（地址：广州市天河区天润路 87 号广建大厦 9、10 楼
邮政编码：510635　网址：www.gzcbs.com.cn）
责任编辑 司丽丽　何　旻
责任校对 王俊婕
印刷单位 三河市祥达印刷包装有限公司
（地址：三河市杨庄镇杨庄村　邮政编码：065200）
规　　格 700 mm × 1000 mm
开　　本 1/16
印　　张 14.25
字　　数 204 千
版　　次 2021 年 12 月第 1 版
印　　次 2021 年 12 月第 1 次
书　　号 ISBN 978-7-5462-3235-5
定　　价 58.00 元

发行专线：（020）38903520　38903521

写给读者的话

从我出生以来，每天早晨最先听到的音乐就是古诗歌曲。它们飘荡在房间里，回响在我的耳边，像一颗颗种子，埋进我幼时的记忆中。

那时，我对古诗词还没有更深的理解，只是觉得它们很美。只要古诗音乐响起，我就想随之而舞。

后来我又通过多种形式认识诗词，有时读，有时唱，有时背诵给别人听。

徜徉在古诗词的海洋里，渐渐地我又发现，这就是一个如梦如幻般的世界。它们的背后都铺垫着一个古老的朝代，站着一个古代诗人，或高歌猛进，或低吟浅唱，或洒脱不羁，或纠结无奈……

我曾多么渴望有那么一台时空机，可以载我回到古代，让我与那些诗人面对面交流，深入了解诗词背后的故事。

幸好，我们有很多流传数千年的书籍可以参考，有很多保存完好的文献可以查看。我们没有完全被隔离在诗词的对面，我们可以更好地理解诗词，在字里行间与作者来一场灵魂深处的对话。

随着不断的积累，诗词的种子渐渐在我心底萌芽，我眼里的四季充满了诗意，头脑里的世界散发着诗情。比如，得意时我会想到："春风得意马蹄疾，一日看尽长安花。"失意时会勉励自己："山重水复疑无路，柳暗花明又一村。"

后来，7岁的我有幸参加了《中国诗词大会》的录制，成为第一季第一个登台的选手。也就在那个时候，我才发现有那么多人喜欢古诗词，为诗着迷为词狂，而古诗词背后的故事也是数不胜数。这让我对古诗词的喜爱更深了。

3年前，我选取了100多首四季古诗词，录制成音频课件。后来陆续有一些小朋友问有没有配套的文字版，从那个时候起，我就开始尝试把音频内容变成文字版了。

四时之景不同，各有千秋；四时之诗有别，皆有其韵。四季变换着颜色优雅了岁月，而四季的古诗词则让这种优雅代代传承。

我也想成为传承这些诗词的一份子。这段日子里只要有时间，我就沉浸在四季的古诗词中，了解它的真容真义，寻找藏在深处的故事。只要是让我心动的，令我好奇的，我就一并总结出来，呈现在书中。

大概每一个小朋友都不喜欢冗长的文字，所以我尽量简明扼要地表述清楚想要告诉你的故事，它可能是关于一扇窗户，也可能是关于一个人，或者仅仅是一个传说。

一开始，我以为把音频内容变成文字版，是一件很快就能完成的事情，没想到写了改，改了写，竟然花了三年多的时间。

多么希望我的努力也能满足你的好奇，多么希望这本书可以帮助到你。哪怕令你有一点点收获，对我也是很大的安慰。

我在成长的路上，这本书也在成长的路上，感谢为此书付出辛苦的所有编辑老师，感谢路上有你，我的小读者。

李尚容

2021年9月于天津

目录

春

夏

秋

冬

春

春季是万物复苏的季节。

春季有立春、雨水、惊蛰、春分、清明、谷雨6个节气。

立春是二十四节气中的第一个节气，意味着开启万物更新的轮回。“立”是“开始”的意思，“春”意味着风和日暖，春耕播种。古人根据对大自然的观察，将每个节气分为三候，立春分为一候东风解冻，二候蛰虫始振，三候鱼陟负冰。立春日，有的地方还保留了吃春盘、吃春卷以及吃萝卜“咬春”的习俗，有的还会外出踏青。

雨水意味着降雨开始，雨量增加，分为一候獭祭鱼，二候鸿雁来，三候草木萌动。唐代诗人杜甫的《春夜喜雨》便是一首著名的雨水诗，诗中说：“好雨知时节，当春乃发生。随风潜入夜，润物细无声。”韩愈的《早春呈水部张十八员外》也提道：“天街小雨润如酥，草色遥看近却无。”

惊蛰表示春雷乍动，惊醒了蛰伏在土里冬眠的动物。分为一候桃始华，二候鸧鹒（黄鹂）鸣，三候鹰化为鸠。唐代诗人韦应物曾在诗中说：“微雨众卉新，一雷惊蛰始。

田家几日闲，耕种从此起。”

春分表示昼夜均而寒暑平，分为一候元鸟至，二候雷乃发声，三候始电。古诗《春分》中说：“日月阳阴两均天，玄鸟不辞桃花寒。从来今日竖鸡子，川上良人放纸鸢。”春分时节，民间有立春蛋、吃春菜、春祭、放风筝等传统习俗。

清明时节，万物吐故纳新，大地呈现春和景明之象。清明既是二十四节气之一，也是中华民族传统的祭祖节日。清明节的三候分为一候桐始华，二候田鼠化为鹌，三候虹始见。唐代诗人杜牧的《清明》最为有名，也为这个节气增添了许多悲凉的诗意：“清明时节雨纷纷，路上行人欲断魂。”清明时节，人们常常会扫墓祭祖，踏青郊游。

谷雨时节雨量增多，谷物百果茁壮成长，分为一候萍始生，二候鸣鸠拂其羽，三候戴胜降于桑。清代郑燮的《七言诗》中可以欣赏到谷雨时节的景象：“不风不雨正晴和，翠竹亭亭好节柯。最爱晚凉佳客至，一壶新茗泡松萝。几枝新叶萧萧竹，数笔横皴淡淡山。正好清明连谷雨，一杯香茗坐其间。”

咏　柳

［唐］贺知章

碧玉妆成一树高，万条垂下绿丝绦。

不知细叶谁裁出，二月春风似剪刀。

背景

唐玄宗天宝三年（744年），贺知章卸下一身官职，辗转回到阔别50多年的家乡。当时正值早春时节，诗人看到一株高大的杨柳，在河岸边吐着新绿，婀娜多姿，一时兴起，写下了这首千古佳作。

注释

◎妆：装饰，打扮。◎丝绦：用丝编织成的带子或绳子，这里指柳条。

赏析

这首诗在唐代的咏柳诗中最有名。

二月的柳树，抽出嫩绿的新叶子，就像一位刚刚梳妆完毕的美丽女子。而随风轻摆的柳枝，又像极了美女罗裙上的一条条绿丝带。

诗人将柳树比作碧玉，“碧”为青绿色，而这也恰好是新柳的颜色。另外，古人还常以“碧玉”来代指少女，由此可从柳树垂摆的枝叶联想到少女身上绿色的丝织裙带。

“高”字衬托出柳树袅袅婷婷的风姿。“垂”字又暗示出柳树的姿态十分飘逸洒脱。“不知细叶谁裁出”，由联想提出疑问，巧妙地点出柳枝细叶之所以纤巧，是因为得到了大自然和风细雨的爱抚。最后把二月的春风比作剪刀，化无形为有形，形象地说明柳叶被春风“剪裁”得十分精美。

整首诗妙趣天成，令人回味无穷。

[清] 郑培绘《柳燕图》

诗词深处的故事

贺知章告老还乡后，不久就去世了。

李白在悼念贺知章之作《对酒忆贺监》的序言中提到：“太子宾客贺公，于长安紫极宫一见余，呼余为‘谪仙人’，因解金龟换酒为乐。”

其中的“金龟换酒”是说贺知章和李白相谈甚欢，一起去喝酒。二人到酒店后，发现竟然都没有带钱。贺知章便取下身上佩戴的金龟袋，换酒与李白共饮。

那这里的金龟袋是何物呢？其实，金龟袋是唐代官员的佩饰，相当于放小杂物的荷包。因为古人的衣服没有口袋，随身佩戴的荷包就可以装一些小物件。根据官职的大小，佩戴的龟袋也是有讲究的，五品用铜饰，四品用银饰，三品以上才能用金饰。后来，人们也把身份高贵的女婿称为“金龟婿”。

既然金龟袋是标志官员品级的东西，自然不能随便换酒喝，如果被皇帝知道，是要治罪的。贺知章却明知故犯，冒险而为。所以，当“金龟换酒”成为一个成语后，就有形容人豁达率性、倾心相交的意思。

春　晓

［唐］孟浩然

春眠不觉晓，处处闻啼鸟。
夜来风雨声，花落知多少。

背景

孟浩然早年曾在鹿门山隐居。一天早上，诗人从睡梦中醒来，有感于初春早晨的美好，写下了这首诗。

注释

◎晓：天亮。◎闻：听到，听见。

赏析

这是一首蕴含了诗人对春天的喜爱和怜惜之情的小诗。

“春眠不觉晓，处处闻啼鸟。”诗人先写整个春夜，自己睡得特别好，不知不觉中，发现天亮了。接着诗人写所闻，到处都是鸟儿们欢快的啼叫声。这两句表明季节是春季，时间是早晨。只有早晨才

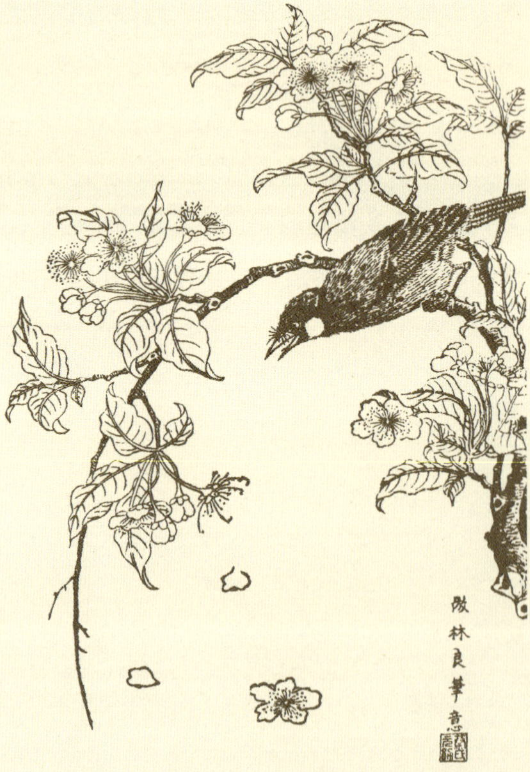

［明］黄凤池编《唐诗画谱》之孟浩然《春晓》诗意图

有很多啼鸟，它们争先恐后地唱着歌，营造了一个充满生机和活力的氛围，也透露出诗人对春光明媚的早晨颇为喜爱。

“夜来风雨声，花落知多少。”写诗人回忆昨晚，又是风声，又是雨声，不免猜想，大概会有不少花儿被打落吧？花儿原本可以自由生长、尽情绽放、自然凋谢，而风雨的侵袭却会造成它们提早凋零和谢落，一时间，诗人便生出了许多怜惜之情。这两句表达了诗人爱花之深、惜春之切。

这首小诗自然平实，言浅意浓，情景交融，极具韵味。

诗词深处的故事

孟浩然被称为盛唐“山水田园诗派第一人”。

孟浩然一生没有做过官，经历比较简单，不是隐居在山水间，就是游玩在山水间。所以，诗作多数与山水、田园有关。

那孟浩然有过步入仕途的想法吗？要知道，在那个时代，步入仕途可是文人才子获得功名利禄的主要途径。

是的，他曾有过鸿鹄大志，也曾渴望建功立业，所以，他在少年时代便写下“吾与二三子，平生结交深。俱怀鸿鹄志，昔有鹡鸰心”。

不凑巧的是，在孟浩然从少年成长为青年的这段时期里，皇室屡次操戈，皇权频繁更替，世事混乱不堪。“天下有道则见，无道则隐”，于是，他便与同乡好友张子容一同到鹿门山过起了隐居的日子。

后来，张子容去长安应试，考中进士，求取了功名。孟浩然也四处游历，结交权贵，参加应试，以谋前程。结果，都未行得通。

最终，这位大诗人放下仕途之念，寄情于山水，过起了自由自在、闲适随意的生活。所以，他的诗风清新淡然，情景交融，有种超凡脱俗的意境美。

鸟鸣涧

［唐］王维

人闲桂花落，夜静春山空。
月出惊山鸟，时鸣春涧中。

背景

王维曾游历江南一带，居住在今浙江绍兴东南的五云溪（即若耶溪）。当时正值安定统一的盛唐时期，无论是乡野山间，还是田间地头，总是一派祥和之气。诗人有感于这些美好景象，于朋友皇甫岳的云溪别墅写下了《皇甫岳云溪杂题五首》。鸟鸣涧是其中的第一首。

注释

◎涧：夹在两山间的流水。◎闲：安静。◎空：空寂。◎时鸣：指鸟的叫声时有时无。

赏析

这首《鸟鸣涧》意境高远，充满禅趣，几乎达到了“无我之境”。

“人闲桂花落，夜静春山空。”写夜晚没有人事的烦扰，诗人的内心闲适自在，连桂花无声无息飘落下来都能感知到，而春山里的万物都陶醉在了夜的宁静里。这两句景物描写凸显了一个“静”字，也暗含了盛唐时期安定祥和的社会氛围。

“月出惊山鸟，时鸣春涧中。”写月亮升起，给夜幕笼罩的空谷带来了一片皎洁的光辉，没想到竟然惊动了栖息的山鸟，它们时时发出几声鸣叫。“惊”“鸣”说明鸟儿已习惯于山谷的静默，因为“月出”而受到惊动。这两句以动衬静，更加突出了夜晚山谷的幽静。

［明］吕纪绘《流涧鸣春图》

这是一首写景诗，诗人王维创造了一个清幽、宁静的意境。全诗从两个方面来描写“静”：一是直接描写静景，二是采用以动衬静，以花落、月出、鸟鸣这些动的景物来突出夜晚山谷的静谧，令这首诗富有生机而不枯寂。

诗词深处的故事

王维，字摩诘，是个多才多艺的诗人。

他精通诗词，擅长书法、绘画、音乐等，还经常参禅悟道，有“诗佛”之称。

王维的才华得益于少时父母的引导。王维的父母出身于望族，素质颇高，父亲教他诗文，母亲教他画画。后来父亲发现他很有音乐天赋，还请当时的琵琶高手教他。

王维9岁那年，父亲因病去世，家境逐渐衰落，母亲带着他和5个弟弟妹妹艰难度日。最难的日子里，王维还曾摆摊卖画，贴补家用。

所幸，就算日子再艰苦，王维也一直坚持读书学习，年少时就因写下“新丰美酒斗十千，咸阳游侠多少年”而名噪京城。21岁便考中了进士，成为冉冉升起的新星。

苏轼曾说：“味摩诘之诗，诗中有画；观摩诘之画，画中有诗。”深厚的艺术修养、丰富的生活体验造就了王维敏感的诗心。他对大自然的美感悟非常独特，他的作品常常能让我们感受到一种画意美和音律美。

春夜喜雨

［唐］杜甫

好雨知时节，当春乃发生。
随风潜入夜，润物细无声。
野径云俱黑，江船火独明。
晓看红湿处，花重锦官城。

背景

安史之乱后，为了躲避战乱，杜甫客居秦州。可谁知，偏偏又遇到大旱，关辅一带饥馑乱离。不得已，杜甫又拖家带口来到了成都。唐肃宗上元二年（761年）的春天，正是万物萌芽的季节，整个大地渴盼着雨水的滋润，眼见一场春雨淅淅沥沥飘洒而至，杜甫喜不自胜，写下了这首诗。

注释

◎知：知道。◎乃：就，于是。◎发生：使植物萌发、生长。◎潜：偷偷地，悄悄地。◎径：小道，小路。◎红湿处：被雨水打湿的花丛。◎花重（zhòng）：因为沾着雨水，花显得饱满沉重的样子。◎锦官城：成都的别称。成都曾经是主持织锦的官员的官署所在地，所以叫“锦官城”。

赏析

诗人笔下的这场雨，是一场好雨。

它来得及时，来得贴心，既是锦上添花，也是雪中送炭。

它来得优雅，来得斯文，夹在夜风中，细细地落下，慢慢地浸润，不惊不扰，从容自若。

诗人把他看到的一切告诉我们：这场雨必定是富足的，因为天空因它

［清］翁雒绘《花开富贵图》

而变得黑沉沉的，路也看不清了；这场雨引来渔船独明于江上，因为此时正是捕鱼的好时候。

经过这样一场好雨的滋润，第二天的锦官城会是什么样呢？诗人又把他想象的图景展现给我们：沾满了雨水的花儿们，必定会更加鲜艳夺目，令整个锦官城花团锦簇。

王国维曾说“一切景语，皆情语也”，诗人所抒写的这场好雨，大概也是诗人心目中有着美好品质的人吧。

诗词深处的故事

二十四节气是表示自然节律变化的特定节令，也是古人智慧的结晶，目的是提醒人们顺应时节，不耽误农田耕种的时机。

雨水是二十四节气中的第二个节气。杜甫说“好雨知时节”，这个“时节”就是指雨水。

雨水节气一到，就说明雨天要多起来了，雨量也要增加了，花花草草和各种农作物都可以喝个饱了。

古人还将一个节气的15天划分为三候，每五天为一候，并分别以一个物候现象来对应。

雨水也是一个充满诗情画意的节气，有些地方雨水时节的习俗还很特别。比如在川西一带的风俗中，出嫁的女儿会和女婿在这天回娘家给父母送节“接寿”。送节的礼品颇为讲究：一份“罐罐肉”，两把藤椅，椅上缠着一丈二尺长的红带子，意为感谢父母养育之恩，祝福父母长命百岁。

通过观察，古人发现雨水之后，冰雪融化，水獭开始捕鱼，而且会把捕到的鱼先摆在岸边，如同是陈列贡品祭祀一样。并且在这个时节，大雁从南方飞回北方，万物开始复苏，于是就把三候定为：“一候獭祭鱼，二候鸿雁来，三候草木萌动。”

所以，雨水的到来，意味大地将要披上绿装，万物又会焕发出勃勃生机。

城东早春

［唐］杨巨源

诗家清景在新春，绿柳才黄半未匀。

若待上林花似锦，出门俱是看花人。

背景

杨巨源曾在长安任职多年，这首诗是诗人在京城任职期间所作。

注释

◎城：指唐代的京城长安。◎清景：指清丽的景色。◎上林：上林苑，故址在今陕西西安市西，秦代建立，汉武帝时加以扩充，为汉宫苑。诗中用来代指唐朝京城长安。◎俱：全，都。

赏析

这首诗抒发了诗人对早春美景的喜爱之情。

“诗家清景在新春，绿柳才黄半未匀。”这里的“诗家”不仅指作者自己，也是诗人的统称。这里说诗人最欣赏的就是早春时节的景象，尤其是那刚刚冒出枝头的嫩黄的柳芽，颜色还不均匀，却令整个春景清新怡人。“半未匀”，说明柳芽初发，颜色还不均匀，说明这时正是早春时节。

“若待上林花似锦，出门俱是看花人。”假如到了京城的花全部盛开的时候，满城将都是赏花的人。说明早春时节大自然的美往往少有人知，但却极富生机；而到了繁花似锦的时节，便人尽皆知，无新鲜感了。究其深意，又好似在提醒人们，要有一双发现美的眼睛，能发现独特的美，倘若人云亦云，很可能错失最美的事物或最好的时机。

诗词深处的故事

早春时节，是乍暖还寒、气候多变的时节，也是“百草发芽，百病发作”的时节。

因为这个时节万物萌发生机，天气渐暖，气温回升，细菌和病毒也开始活跃起来，所以使得人特别容易生病。那这个时候该怎么养生呢？

《黄帝内经》中有言：“夜卧早起，广步于庭，被发缓行，以使志生。”就是说要早睡早起，多做运动，顺应春天的生发之气，多行走。“披发”就是把头发散开，因为古人无论男女都是长发，白天需要把头发扎起来。而在春天的早晨，应该多散发，这样有利于舒畅气血，放松身心，生长阳气，宣发意志。

一年之计在于春，若在早春时节就能生发起健康、快乐的情志，就能为一年的健康打下好的基础。

［清］杨晋绘《江南春图》(局部)

早春呈水部张十八员外

［唐］韩愈

天街小雨润如酥，草色遥看近却无。

最是一年春好处，绝胜烟柳满皇都。

背景

唐穆宗长庆三年（823年）早春，当时任吏部侍郎的韩愈已经56岁了。一天，韩愈约担任水部员外郎的诗人张籍游春，张籍以事情多、年纪大而推辞，韩愈就写了这首诗寄赠给他。

注释

◎呈：恭敬地送上。◎水部张十八员外：指唐代诗人张籍。因在同族兄弟中排行第十八，故称“张十八”。又因担任过水部员外郎，故称“水部张十八员外”。◎天街：京城中的街道。◎酥：本指由牛羊乳制成的酥油，这里形容春雨的滋润细腻。◎绝胜：远远胜过。◎皇都：国都，这里指长安。

赏析

这首诗描写了京城长安初春小雨的美景，小巧而清新。

“天街小雨润如酥，草色遥看近却无。”写京城长安的街道上，绵绵小雨纷纷落下，细密而润泽。放眼望去，刚刚发出新芽的春草，原本就稀疏而纤细，在这迷蒙的雨雾中，更显得若有若无了。这两句将初春小雨和草芽的特征描写得非常传神。

“最是一年春好处，绝胜烟柳满皇都。”前两句是所见，这两句是所感，表明初春之景是一年中最美的景色，甚至远远超过烟柳满城的晚春。诗人

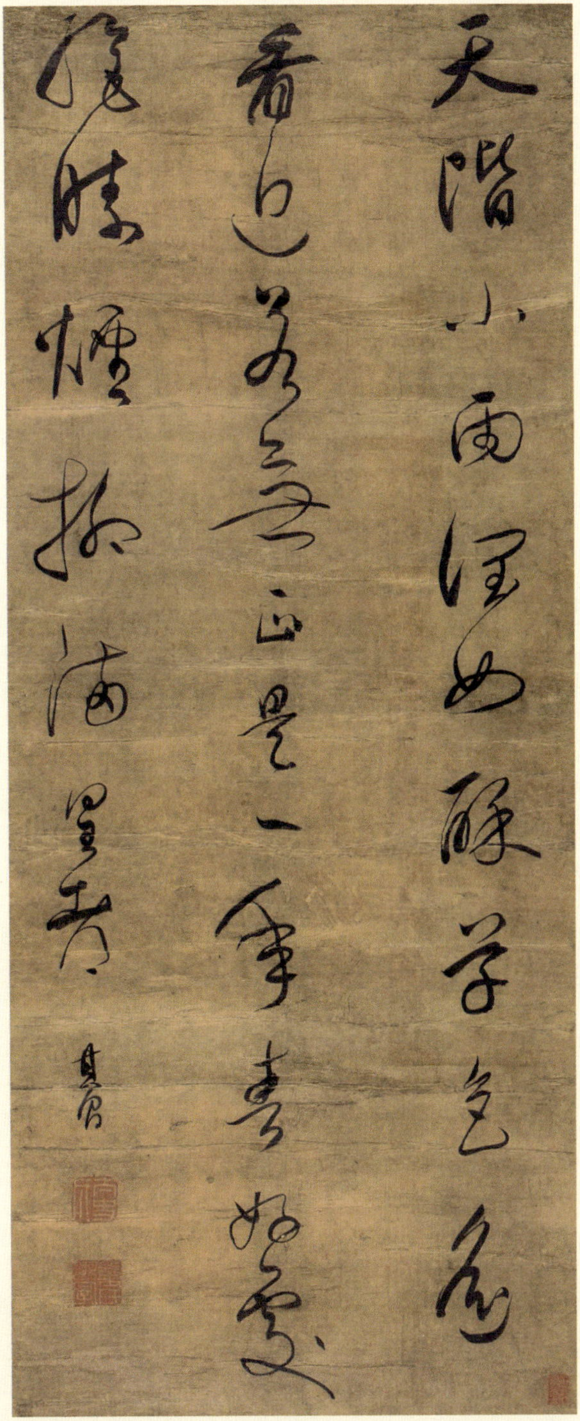

〔明〕董其昌草书韩愈诗《早春呈水部张十八员外》

通常多写明媚的晚春，这种大加赞美初春的写法可谓别出心裁。经历过整个寒冬，万物凋零的大地逐渐显现出新绿，自是令人又惊又喜的。

这首诗优美而细腻，令人回味无穷。

诗词深处的故事

韩愈被尊为“唐宋八大家”之首，是唐代的文学家、思想家，古文运动的倡导者。

可就是这样一位很厉害的人物，却是个孤儿，但他从小便知刻苦读书，不需要别人嘉许勉励。

原来，韩愈的父母去世得早，他由哥哥韩会和嫂子抚养长大。韩愈从3岁就开始读书，每天能记数千言，不到7岁就读完了诸子的著作，从小就心怀远大的志向。

有趣的是：他的大名居然是自己起的！

我们现在一出生，父母很快就给起好名字了，否则没法上户口。韩愈却是到了上学的年纪，才开始取大名。他的嫂子在一堆经典书籍里翻来翻去，就是没找到合适的字。

小韩愈就问嫂子：“给我取个什么名字才满意？”

嫂子说：“你大哥名会，是聚集的意思；你二哥名介，是耿直的意思，都是人字头，象征着要做人群之首。你的名字也得用人字头，含义好才行。”

韩愈说：“那就叫‘愈’吧，超越的意思，我长大后，一定要做一番大事，前超古人，后无来者。”

嫂子听后连连称赞。

事实证明，韩愈的确配得上这个名字，他通过自己的不懈努力，成了唐代著名的大文学家。

赋得古原草送别

［唐］白居易

离离原上草，一岁一枯荣。
野火烧不尽，春风吹又生。
远芳侵古道，晴翠接荒城。
又送王孙去，萋萋满别情。

背景

唐德宗贞元三年（787年），16岁的白居易准备参加科举考试，写了这首拟题习作。当时有个规矩，凡是指定、限定的诗题，必须在题目前加上“赋得”两个字。

注释

◎离离：浓密、茂盛的样子。◎侵：侵占。◎晴翠：草木在阳光照耀下映射出的一片碧绿色。◎王孙：贵族。这里指诗人的朋友。◎萋萋：草木茂盛的样子。

赏析

这首诗抓住古原草蓬勃的生命力，融入真情实感，抒发了诗人送别友人时的难舍之情。

“离离原上草，一岁一枯荣。”写原野上长满了茂盛的青草，它们一年年枯萎，又一年年繁盛，年复一年地带来生机和希望，为大地增添光彩。

“野火烧不尽，春风吹又生。”这两句写古原上的野草不仅不怕风吹雨打，就算是一场野火席卷大地，一下子把野草烧了个精光，来年春风一吹，它们照样铺天盖地地复苏了。说明古原草有着顽强的生命力，只要地下的根须还在，就有再生的可能。

“远芳侵古道，晴翠接荒城。”写芳草的清香弥漫了古道，阳光照耀下的荒城又披上了绿衣。这里用“侵”和“接”刻画出了春草蔓延、绿野广阔的景象，“古道”“荒城”又点出友人即将要去的地方。

“又送王孙去，萋萋满别情。”写诗人送朋友远行时满是不舍之情。这里用绵绵不尽的萋萋春草比喻充塞胸臆的惜别之情，情景交融，韵味无穷。

诗词深处的故事

“赋得体”也叫试帖诗。在科举考试中，试帖诗是必考的文体之一，要求考生在诗题前冠以“赋得”两个字。

试帖诗的命题一般是来自前人诗中的一句，或者一个典故、一个成语。这就要求考生必须知道命题的出处，否则都没法写诗。

以诗作为科考科目起源于唐代。到了宋神宗时期，因为王安石变法，试帖诗就被取消了。直到清代乾隆时期，才恢复这项考试，但在形式上有了一些限定，就是八股化了，即要求从经、史、子、集中取题，内容必须切合题目，必须合韵脚，还要有歌颂皇帝的话。

《赋得古原草送别》就是一首试帖诗、命题诗，但字里行间饱含真情，极为动人，被视为“赋得体”中的绝唱。

［清］恽寿平绘《湖山春暖图》(局部)

大林寺桃花

［唐］白居易

人间四月芳菲尽，山寺桃花始盛开。

长恨春归无觅处，不知转入此中来。

背景

白居易被贬为江州司马后，曾约了几个朋友去大林寺玩。当时正值四月份，山下的春花都已凋零，寺里的桃花却刚刚盛开，诗人乍得一见，分外欣喜，写下了这首诗。

注释

◎大林寺：庐山寺庙名。相传是晋代僧人昙诜建造的，是我国佛教圣地之一。◎人间：世间。这里指庐山下的村庄。◎芳菲：盛开的花。也可泛指花草艳盛的阳春景色。

赏析

这首诗表面看来朴实平易，但细细品味，又觉得妙趣横生，颇有深意。

“人间四月芳菲尽，山寺桃花始盛开。”写诗人登临山寺时，已是孟夏时节，山下已经春归花落了。谁知这里的春景却给人意外的惊喜，尤其是那娇嫩可爱的桃花，正在枝头争相开放，充满生机。

“长恨春归无觅处，不知转入此中来。”诗人原本以为春已逝，无处寻觅，因而满怀失意和幽怨。谁曾想，却是自己误会了春。春并没有离去，只不过是换了一个地方，它像一个顽皮的小朋友似的，偷偷跑到这里来了。

这首诗赋予春以人的特性，生动形象地表现了诗人的一片童心，以及惜春、恋春的心理。

诗词深处的故事

白居易是一个学霸。

他小时候就很聪明，更可贵的是，他读书还特别刻苦。刻苦到什么程度呢？经常读到口都生出了疮，手都磨出了茧。

一分耕耘，一分收获。后来，他考中进士，踏上了仕途，官至左拾遗。

左拾遗到底是个什么官职呢？从字面看，“拾遗”就是捡起遗漏的东西，实际就是专门给皇帝挑毛病的工作，看看皇帝在政策和决策上有没有错，言行哪里有不妥当之处，然后提醒皇帝改正。

那为什么要加个“左”字呢？因为还有一个右拾遗，这就好比一个正班长、一个副班长。那个时候，左拾遗比右拾遗的权力要大一些。

在任左拾遗的时候，白居易觉得自己受到了皇帝的赏识，就得知恩图报，多提意见。所以，他经常上书，毫不留情地指出皇帝这里不妥，那里不当。结果，皇帝也受不了了，就向大臣李绛抱怨：“白居易这小子，是朕把他提拔上来的，却对朕这么无礼，实在是难以忍耐！”

好在李绛是个明事理的大臣，说白居易也是一片忠心，劝谏皇帝应该广开言路，这才保住了白居易。

可见白居易不但才华出众，为人也是刚正不阿。

江南春

［唐］杜牧

千里莺啼绿映红，水村山郭酒旗风。

南朝四百八十寺，多少楼台烟雨中。

背景

杜牧生活在晚唐时代，当时的皇帝唐宪宗一心事佛，下层的官员为讨皇帝欢心，大肆兴建寺庙，使得寺院不断壮大，引发了许多矛盾，导致唐王朝国力不断衰退。这年，杜牧来到江南，回想起南朝梁举国事佛又误国的事，一时感慨，写下了这首诗。

注释

◎啼：叫，鸣。◎山郭：依山而建的城。郭：在城的外围加筑的一道城墙，外城。◎南朝：公元420年到589年建都于建康（今南京）的宋、齐、梁、陈四个朝代的总称。◎四百八十寺：南朝皇帝好佛，曾在京城（今南京）大建佛寺。这里的“四百八十寺”是虚指，形容寺院很多。

赏析

这是一首久负盛名的写景诗。

“千里莺啼绿映红，水村山郭酒旗风。”写广阔的江南大地上，有黄莺在婉转地歌唱，有绿树与红花相互辉映。而那些临水的村庄和依山的城郭里，到处都有迎风招展的酒旗。寥寥数笔，有红绿相衬，有山水相衬，有村庄和城郭相衬，有声音和色彩相衬，有动与静相衬，充满勃勃生机，让人对江南迷人的春天更加神往了。

“南朝四百八十寺，多少楼台烟雨中。”诗人不禁感叹：南朝留下的寺

[清] 袁耀绘《忆江南春图》

庙，又有多少楼阁亭台笼罩在风烟云雨中。古朴典雅的南朝佛寺，瞬间把人带到更久远的历史中，而将这一切置身于今天的烟雨里，更增添了朦胧之美，深幽之意。

诗词深处的故事

杜牧在这首诗中提到，南朝曾建造了很多寺庙，这到底是怎么回事呢?

这得从催生了这么多寺庙的主角梁武帝说起。原本论文才和武功，梁武帝也算是帝王中的一流人物，可他晚年却因沉迷于佛道，做出了一些令人啼笑皆非的事情。

为了侍奉佛祖，他除了大建寺院，还几次舍身皇家寺庙同泰寺当和尚。

第一次出家，3天后还宫。

第二次出家，乐不思蜀了，十几天还不回来。可是国不可一日无君，群臣一看这怎么得了，就花一亿钱把他赎了回来。

结果梁武帝又第三次进了寺庙，群臣再次出钱，同泰寺又得了两亿钱。

正所谓“上行下效”，朝中王公大臣们也纷纷建寺。一时间，几百座寺庙林立各地。后来，国家负担不起佛寺的开销，重担就转移到了平民百姓的头上，百姓自然怨声载道。再加上梁武帝因判断失误，接纳了东魏大将侯景的投降，结果，侯景发动叛乱，梁武帝被囚禁，忧愤患病而死。

杜牧所在时期的唐宪宗也尊佛，而且蓬勃发展的佛寺没有了从前的清净，成了藏污纳垢的地方，杜牧自然就把二者联想在一起了。

清　明

［唐］杜牧

清明时节雨纷纷，路上行人欲断魂。
借问酒家何处有？牧童遥指杏花村。

背景

杜牧曾做过黄州、池州、睦州、湖州的刺史。《江南通志》记载，这首诗是他担任池州刺史时的作品。当年，在细雨蒙蒙的清明节，他经过金陵，想买酒吃，却无处问路，正巧遇到一个牧童指引了卖酒的杏花村。

注释

◎纷纷：多而杂乱。◎断魂：形容非常哀伤、悲苦。◎借问：敬辞，请问，向人打听。

赏析

清明时节虽然是春和景明、万物吐故纳新的时节，但天气也容易“变脸”，往往人们正赶着路，就遇上了雨。

第一句里的“纷纷”既说明这是一场小雨，又暗示了行人纷乱的心绪。

“路上行人欲断魂”，一场小雨会让人“断魂”吗？自然不会。清明节本是和家人踏青郊游、扫墓祭祖的日子，诗人却孤身在外，疲于奔波，难免会平添许多伤感；又在行路途中突然遇上一场雨，无处躲藏，衣衫尽湿，更加苦不堪言。“断魂”二字淋漓尽致地写出了诗人漂泊他乡的惆怅、失意之情。

接着，诗人打算找个酒家避避雨，喝上三杯两盏小酒，缓解一下旅途的劳累和愁绪，于是有了“牧童遥指杏花村”。这里只描绘了一个画面，就指明了酒家的方向，让诗人的心灵有了归宿，并给读者留下了广阔的想象空间。

梅尧臣说“状难写之景如在目前，含不尽之意见于言外”，《清明》这首诗就达到了这个境界。

诗词深处的故事

清明节远比我们想象的古老。

小时候听故事，以为清明节的起源与寒食节有关，寒食节的起源是为了纪念介子推。

后来才知道，寒食节起源于上古时期的“改火”习俗。上古先民们靠钻木取火，取火的树种常常会因季节的变化而不断变换。因为火种来之不易，改火与换取新火就成了重要的大事。春三月正值改火的时节，在新火未到的时候，要禁止生火。

因为古人对祭祀祖先特别重视，慢慢地，寒食节的习俗里，除了禁火冷食，又多了祭扫坟墓。

“清明”作为节气，在《逸周书·时训》中就有记载：“清明之日萍始生……”，一般在阳历4月4日至6日前后，在时间上与寒食节非常接近。直至唐代，才开始有了将清明、寒食一同看待的说法。如《唐会要》卷二十八提到：“二十四年二月十一日敕：‘寒食清明，四日为假’。”将寒食这个节日与清明这个节气一同作为假期。而正是由于二者之间在时间上的连续性，民众为了避过寒食节禁火的习俗，更好地拜祭先祖、焚烧纸钱，逐渐将上坟祭祀的日子改在了清明时节。

逐渐地，清明节取代了寒食节，融汇自然节气与人文风俗为一体，与春节、端午节、中秋节一并成为中国四大传统节日。

［清］沈兆涵绘杜牧《清明》诗意图

玉楼春·春景

［宋］宋祁

东城渐觉风光好，縠皱波纹迎客棹。绿杨烟外晓寒轻，红杏枝头春意闹。　　浮生长恨欢娱少，肯爱千金轻一笑。为君持酒劝斜阳，且向花间留晚照。

背景

宋祁曾担任史馆修撰，与欧阳修等一起合撰《新唐书》，历时十多年才完成。之后因撰书之功被提升为工部尚书。这首诗就是宋祁担任尚书期间，被美好的春景所触动，有感而发写下的。

注释

◎玉楼春：词牌名，也叫“木兰花”“归朝欢令”“呈纤手”“春晓曲”等。◎縠（hú）皱：绉纱似的波纹。◎棹（zhào）：船桨，这里指船。◎浮生：指漂浮无定的短暂人生。古代老庄学派认为人生在世空虚无定，所以称人生为浮生。出自《庄子·外篇·刻意第十五》。◎晚照：夕阳的余晖。

赏析

这首词是宋祁的成名作，上阕写春景，下阕写惜春的情怀，把词人对美好春光的留恋、对美好人生的珍惜写得韵味十足。

“东城渐觉风光好，縠皱波纹迎客棹。”词人来到东城，觉得春光越来越好。绉纱似的水波起起伏伏荡漾着，好像在迎接游人的画船。这里运用了拟人的手法，“迎”字赋予水波以人的热情，生动而形象地渲染了春天的勃勃生机。

“绿杨烟外晓寒轻，红杏枝头春意闹。”写一条条绿柳在霞光晨雾中轻

［明］汪氏辑《诗余画谱》之宋祁《玉楼春》词意图

摇慢舞，粉红色的杏花在枝头争相开放。“烟”字很传神地表达了春天早晨如梦如幻的意境，“闹”字又以拟人的手法生动地营造出杏花怒放的盛景。词人被世人称为“红杏尚书”，就来源于这里。

“浮生长恨欢娱少，肯爱千金轻一笑。”诗人感慨人生太短，欢乐太少，怎么可以过于吝惜钱财，而轻视快乐？可见，词人已经完全陶醉在美好的春景中了，对美好春光的留恋之情，溢于言表。

“为君持酒劝斜阳，且向花间留晚照。”写诗人为朋友举起酒杯，劝说马上要落下去的夕阳，姑且多留一些晚照在花间吧，深切地表达了词人对美好时光的留恋之情。

诗词深处的故事

不得不说，古代的科举考试还是很任性的。

当年，宋祁和哥哥宋庠一起参加科举考试，双双高中甲科进士。论考试成绩，弟弟第一，哥哥第三。谁知，当时辅政的章献皇太后觉得长幼有次第，弟弟不能排在哥哥的前面，就把哥哥定为头名状元，而把宋祁放在第十位。

可能有的人要纳闷了，章献皇太后还能参与科举考试名次的确定？

没错，从武则天开始，开创了殿试，算是科举考试中的最高一级考试，由皇帝亲自选拔人才。殿试第一名就是状元，第二名是榜眼，第三名为探花。章献皇太后是宋真宗的皇后，宋真宗驾崩后，她开始临朝称制，逐渐掌控朝政大权。

不管怎么说，一个家庭考上一个进士，也够光宗耀祖了，宋祁兄弟两个双双高中，传为一时的佳话，地方官还因此修建了一座六棱十三级的砖塔，命名为“双状元塔”。

早春南征寄洛中诸友

［宋］欧阳修

楚色穷千里，行人何苦赊。
芳林逢旅雁，候馆噪山鸦。
春入河边草，花开水上槎。
东风一樽酒，新岁独思家。

背景

早春时节，欧阳修正赶在南征的路上，看到沿途春景怡人，想起在洛阳做官时结识的朋友，一时有感，写下这首诗。

注释

◎赊：遥远。◎芳林：春日的树木。◎候馆：供瞭望用的小楼，这里指接待过往官员的驿馆。◎槎（chá）：木筏，这里指一种水生植物。

赏析

这首诗借景抒情，表达了诗人在旅途中孤独烦躁、思亲思家的情感。

“楚色穷千里，行人何苦赊。”放眼千里，诗人所见之景都在楚国境内，而长途跋涉的人最怕走这望不尽的路。可见此行并非诗人所愿。

“芳林逢旅雁，候馆噪山鸦。”春日的树木焕发着勃勃的生机，诗人看到一群群北归的大雁从头顶飞过；投宿到沿途的旅馆时，诗人又听到乌鸦在附近乱叫。大雁是候鸟，每到秋冬季节，便浩浩荡荡飞到南方过冬，第二年春天，经过长途旅行，又飞回北方繁殖。旅雁仿佛是漂泊的诗人，触动了诗人思乡的情感，而不停聒噪的乌鸦，又让诗人感到烦躁和无奈。

“春入河边草，花开水上槎。”春意染绿了河边的青草，木筏旁边的水

[元] 赵雍绘《挟弹游骑图》

上植物也开了花，这两句展现了春景之美。

“东风一樽酒，新岁独思家。”这两句直接抒怀，新年到来之际，诗人迎着春风喝着酒，思乡心切。逢年过节，该是家人团聚的时候，诗人却要在外地长途跋涉，即便再美的景物，也比不上和亲人在一起时的幸福，所以诗人也就格外地思念亲友，怀念家乡。

整首诗以“苦”为基调，表现了诗人漂泊在外、孤独愁苦的羁旅之情。

诗词深处的故事

欧阳修是宋代文学史上熠熠生辉的文坛领袖。他小时候因为家里很穷，竟买不起纸和笔，也买不起书。

欧阳修4岁的时候，父亲就去世了，留下他和母亲相依为命。后来日子过不下去了，母亲就带着他去投奔叔叔欧阳晔。叔叔虽然当着官，却是个廉洁守正的官，家里也不富裕。

好在母亲出身江南名门望族，知书达理，曾受过良好的教育。没钱买纸笔？好吧，就用芦秆当笔，沙地为纸，一笔一画教欧阳修识字、写字。没钱买书？也好办，咱们去借。

欧阳修没有辜负母亲的教导，他识字读书非常刻苦，每次借来的书都会抄写下来，常常是没有抄完，就已经熟读成诵了。日复一日的努力，使得少年时代的欧阳修写得了一手好文章。

10岁那年，他借到一本韩愈的《昌黎先生文集》，特别喜欢，就一遍遍地读，一遍遍地学习，这为他日后的诗文提升奠定了一个很好的基础。

正是通过坚持不懈地努力，持之以恒地学习，欧阳修最终取得了辉煌的成就，成了一代大家。

夜　直

［宋］王安石

金炉香烬漏声残，翦翦轻风阵阵寒。
春色恼人眠不得，月移花影上栏干。

背景

庆历新政失败后，宋朝严重的阶级矛盾和民族矛盾并未缓和，积贫积弱的局面也愈加严重。王安石曾上万言书，主张变法，可惜未被宋仁宗采纳。1067年，宋神宗即位，他希望消除弊病，遂起用王安石为江宁知府，不久又诏为翰林学士兼侍讲。按宋制，学士院规定每晚要有一位翰林学士值班，以备皇帝有事召对。当时，王安石为翰林学士，这首诗就是他在内廷值夜班时所见所感之作。

注释

◎夜直：晚上值班。直，通“值”，值班。◎金炉：金属铸的香炉。◎翦（jiǎn）翦：形容风轻微且带着寒意。

赏析

这首诗中，诗人借春夜的美景抒发了自己受到赏识后的愉悦、兴奋之情。

“金炉香烬漏声残，翦翦轻风阵阵寒。”前两句写景，香炉里的香燃尽了，漏壶里的水也快滴完了，阵阵春风还带来了一些寒意。这是实写所见之景，交代时间是天快亮了的时候。

“春色恼人眠不得，月移花影上栏干。”写诗人辗转反侧睡不着，面对外面美好的春色，激动不已。“春色”在这里既实指美妙的景色，也指宋神宗给诗人一展宏图的机会。这里的“恼人”是贬义褒用，反义正用。而月光下的那些花影，却一直随着月亮移动，还悄悄地爬上了栏杆。这里以景语作结，以景衬情，更加突出了诗人愉悦的心情。

王安石是个有抱负的人，一心变法。眼看多年的心愿要实现了，王安石面对这样美好的夜晚，内心自然是兴奋不已，难以入睡。

这首诗表面写景，实则饱含诗人深深的期许，委婉而感人。

诗词深处的故事

漏壶，也叫漏刻，是古人发明的计时器。

古时候没有钟表，人们为了知道时间，就制作了一种带孔的漏壶，里面装上水，放上一根有刻度的标杆，也叫浮箭。随着水的流入或者流出，浮箭相应地上升或下沉，其上面的刻度就可以指示时间。

最早的漏壶，多是泄水型，水从孔中一滴一滴流出来，水位随着下降，浮箭所指刻度就是当时的时间。后来又出现了受水型漏刻，浮箭随着水面上升指示时间。

不过，不管是泄水型还是受水型，水流的速度必须均匀，过快或者过慢，都不能准确地表示时间。为了保证这一点，古人还制造出了多级漏刻装置，也就是好几个漏壶上下串联成一组，每只漏壶都依次向下一只漏壶滴水，这样壶里的水更加恒定了，指示的时间也就更准确了。

无论是古时的漏刻，还是我们现在的钟表，都是人类智慧的结晶。

[明] 佚名绘《月夜归庄图》(局部)

泊船瓜洲

［宋］王安石

京口瓜洲一水间，钟山只隔数重山。

春风又绿江南岸，明月何时照我还。

背景

宋神宗熙宁八年（1075年）二月，王安石第二次奉召进京，再任宰相一职。途经瓜洲时，有感于第一次为相的经历，一时感慨，写下了这首诗。

注释

◎泊船：停船。泊，停泊。◎瓜洲：在长江北岸，扬州南面。◎京口：江苏镇江的古称。◎钟山：今南京市紫金山。◎数重山：几重山。◎绿：绿色，这里指吹绿，染绿。

赏析

这首诗通过对春天景物的描绘，表现了诗人内心对故乡的依恋。

“京口瓜洲一水间，钟山只隔数重山。”这两句是诗人放眼所望之景，诗人站在瓜洲渡口向南望，看到京口和瓜洲之间只隔着一条长江，而他所居住的钟山被数重山挡着。“只隔”二字将自己与故乡的空间距离在心理上无限缩短，犹见依恋之深。

“春风又绿江南岸，明月何时照我还。”这里既有写实，也有寓意。“春风”表面指春天刮来的风，实指皇恩。宋神宗下诏恢复王安石的宰相之位，表明新政有望继续推行下去，而这正是王安石最大的心愿。有了皇帝这股“春风”的支持，心愿也容易达成。结尾采用疑问语气，进一步抒发了诗人对家乡的思念之情。

［明］恽向绘《京口江山之势图》（局部）

诗词深处的故事

古人写诗很讲究炼字炼句，本首诗中“春风又绿江南岸”的“绿”字，也是经过精心筛选的，极富于表现力。

据说，王安石在用“绿”字之前，曾经换过十多个字。一开始，王安石用的“到”字，即“春风又到江南岸”，后来又改为“过”“入”“满”等字，几番周折，才定为“绿”字。

可见他在创作时是多么的“精挑细选”，力求锤炼出最贴切和最富表现力的字，这个过程即被称为“炼字”。

古人炼字的功夫，很是了得。唐代诗人卢延让曾说：“吟安一个字，捻断数茎须。”意思是说自己在作诗时为了找到一个合适的字，居然捻断了好几根胡须。古人炼字的辛苦可见一斑。贾岛的《题诗后》中说“两句三年得，一吟双泪流”，意思是说琢磨三年才写出两句诗，一读便热泪长流。功夫之外，又见其苦。

那古人为什么要这么费劲地炼字呢？这是为了以最恰当的字词，贴切生动地表现出诗词中的意境和诗人的所思所想，以起到统摄全篇的作用。这些点睛传神的关键词句就好像一篇诗词的眼睛一样，所以，也被称为“诗眼”。

而“绿”字，也正是《泊船瓜洲》的诗眼。

春日偶成

［宋］程颢

云淡风轻近午天，傍花随柳过前川。

时人不识余心乐，将谓偷闲学少年。

背景

春季，万物复苏，草木重生，正是踏青的好时候。一天，长期在书斋潜心研究学问的诗人来到郊外游玩，被郊外生机勃勃的春景所触动，有感而发，写下了这首诗。

注释

◎偶：偶然。◎午天：中午。◎傍：临近，靠近。◎川：河流，水道。◎时人：当时的人。一作“旁人”。◎将谓：就以为。◎偷闲：忙里抽出空闲的时间。

赏析

这首诗既是写景诗，也是哲理诗。

“云淡风轻近午天，傍花随柳过前川。”云淡淡的，风轻轻的，时间快到中午了，诗人穿行于花丛中，沿着绿柳，不知不觉来到了前面的河边。这两句看似平淡，但细细品味，会发现不经意的几笔已经流露出了诗人悠然自得的心情。“近午天”说明诗人不知不觉游赏到了中午，可见游兴很浓。“傍”和“随”又透露出诗人随性、自在的一面。

“时人不识余心乐，将谓偷闲学少年。”前面两句是诗人所见之景，这两句是诗人所感。意思是说旁人并不能理解“我”内心的快乐，还以为“我”是学年轻人忙里偷闲呢。诗人尽管生活在一个令人窒息的“理”的世界里，但他对大自然的喜爱是真性情的流露，表现了诗人对自然真性的理解和追求。

诗词深处的故事

程颢出生于书香世家，是北宋的理学家、教育家。

他和弟弟程颐都是宋代理学的奠基者，世称“二程”，其学说在理学发展史上占有重要地位。

程颢、程颐认为万物都有一个天理，现行社会秩序都为天理所定，遵循它就是顺应天理，否则就是悖逆天理。要“存天理”，必须要“明天理”，这就需要人日复一日多去探究各种事物的“理”，积累得多了，才能融会贯通。

他们还认为人性是天理在人身上的折射，因而是至善的。人性中的“善”是天理的本质特征，人之所会变恶，是因为不合节度的“人欲”和“私欲”。

可见，凡事过犹不及，需懂得适可而止，把握好度。

明刻本《新刻解注增和千家诗选》之《春日偶成》诗意图

定风波

［宋］苏轼

三月七日，沙湖道中遇雨，雨具先去，同行皆狼狈，余独不觉。已而遂晴，故作此词。

莫听穿林打叶声，何妨吟啸且徐行。竹杖芒鞋轻胜马，谁怕？一蓑烟雨任平生。　　料峭春风吹酒醒，微冷，山头斜照却相迎。回首向来萧瑟处，归去，也无风雨也无晴。

背景

宋神宗元丰五年（1082年）的春天，正是苏轼因“乌台诗案”被贬黄州（今湖北黄冈）的第三年。一天，他与朋友外出游玩，途中遇到风雨，同行的人都感到很狼狈，只有他毫不在乎，泰然自若，缓步而行。

注释

◎定风波：词牌名。◎沙湖：地名，在黄州城东南30里处。◎狼狈：困苦或受窘的样子。◎吟啸：高声吟唱。◎芒鞋：用植物的叶或秆编织的草鞋。◎料峭：形容微寒。◎萧瑟：指风雨吹打树木的声音。

赏析

这首词中，苏轼以冒雨前行之举，表现了其不畏风雨的豪迈气概和旷达超脱的胸襟。

“莫听穿林打叶声，何妨吟啸且徐行。”这两句的意思是说不要害怕树林中风雨的声音，不如高声吟唱潇洒前行。此时，苏轼正因为“乌台诗案”被贬到黄州，“莫听”二字表明词人并不会因外界的打击而受影响。

“竹杖芒鞋轻胜马，谁怕？一蓑烟雨任平生。”拄着竹杖穿着草鞋，轻

［明］谢时臣绘《风雨归村图》（局部）

便胜过骑马，有什么可怕的呢？披一身蓑衣照样可以在风雨中度过一生。“谁怕”二字，让我们看到了词人在逆境中不畏惧不颓丧的旷达乐观胸怀。

“料峭春风吹酒醒，微冷，山头斜照却相迎。”写夹带着寒气的春风吹醒了词人的酒意，令他感觉到有一些寒冷，而这时已雨过天晴，山头的夕阳也出来了。这几句与上阕的“风雨”相照应，说明在人的一生中，既有微凉的春风，也有温暖的阳光，暗示任何时候都不应该因一时的坎坷，放弃追求美好事物。

“回首向来萧瑟处，归去，也无风雨也无晴。”这几句是点睛之笔，也极具人生哲理。“风雨”在这里既指自然界的风雨，又暗指词人在政治上遭受的“风雨”。词人从大自然天气的变化中获得启示：自然界的晴雨既属寻常，人生仕途上的那些荣辱得失，又何足挂齿？

诗词深处的故事

苏轼和弟弟苏辙都是北宋的大文学家，那么他们的名字有什么含义呢？原来兄弟二人的名字都寄寓了父亲苏洵对他们殷切的期望和嘱托。

苏洵给两个儿子起的名字，都和古代的马车有关系。

“轼”是车厢前的那根横木，好像没什么大用处，但如果你拿掉它，车就不完整了。所以，苏洵的意愿是希望苏轼不要忽视看起来好像不重要的“外饰”之物，希望他能做个有用的人。

“辙”是车道，车子在泥土地上行驶，会留下痕迹。车辙不是车的一部分，也不发挥作用，人们一般不会在意它的存在。既使车出了问题和祸端，车辙也不会受到连累。这是苏洵对儿子的美好祝愿，希望他能一生平安，在遇到祸患的时候，能够逃脱灾难。

这两个名字寄寓的心愿，让我们看到了一个父亲的良苦用心。事实证明，苏洵的一番苦心真没有白费，纵观苏轼、苏辙兄弟二人的性情和人生轨迹，都跟自己名字的寓意有诸多巧合之处。

［近代］潘振镛绘《东坡先生笠屐图》

惠崇春江晚景

［宋］苏轼

竹外桃花三两枝，春江水暖鸭先知。

蒌蒿满地芦芽短，正是河豚欲上时。

背景

北宋僧人惠崇有《春江晚景》画作流传于世，宋神宗元丰八年（1085年），任职汴京（今河南开封）的苏轼在欣赏此画作时，颇为有感，并为其创作了两首组诗，这是第一首。

注释

◎惠崇：北宋名僧，福建人，能诗善画。◎蒌蒿：多年生草本植物。◎河豚：鱼的一种，因肉质鲜美、营养丰富，被誉为“菜肴之冠”，但其卵巢、肝脏、肾脏、眼睛、血液中含有剧毒。

赏析

这首诗描写了画作中江南的早春景色，抒发了诗人对早春的喜爱之情。

“竹外桃花三两枝，春江水暖鸭先知。”竹林外有几枝桃花初放，说明还是早春时节，不到桃花灼灼满枝头的时候。粉嫩的桃花，碧绿的翠竹，两相照应，更显得春意十分喜人。“鸭先知”从侧面说明天气还比较寒冷，其他动物还没有感知到春天的到来，只有那些在水中自由嬉戏的鸭子们最先感受到春天江水温度的回升。

“蒌蒿满地芦芽短，正是河豚欲上时。”早春时节，河滩上长满了蒌蒿，芦笋也开始抽芽了，河豚则成群结队地逆流而上，要从大海洄游到江河里

[清] 陆恢绘《春江水暖鸭先知》图

来了。这两句呈现出一派欣欣向荣、朝气蓬勃的景象，突显了春天万物生发的特点和生命的活力。

诗词深处的故事

惠崇是北宋有名的僧人，擅长诗、画。

他的诗中写生活琐事，也写自然小景，力求精工莹洁，连欧阳修等大家都拍手称赞。

他的画中，有鹅，有鸟，有小景，呈现出一派潇洒虚旷之象。

惠崇的《春江晚景》一共有两幅画，一幅是鸭戏图，一幅是飞雁图。

我们今天欣赏的这首诗是苏轼为“鸭戏图”作的诗，从诗中能看到江南早春的景色，同时又融入了诗人的一些想象，与惠崇的画作相得益彰。

苏轼为“飞雁图”所作的诗为“两两归鸿欲破群，依依还似北归人。遥知朔漠多风雪，更待江南半月春”。意思是说大雁北飞，就像要回到北方家乡的人那样，由于对温暖的南方有些依依不舍，差一点掉了队。还没有飞到北方时，它们就已经知道北方的沙漠多风雪了。看来，还不如再在江南度过半个月的春光时节。这首诗中，诗人将大雁北飞融入人的情感，从侧面表现出江南春天的温暖、美丽。

惠崇的画作善于用透视的笔法，把秀丽的山川等景物艺术地取于画中，脱俗不凡。他流传下来的作品虽不多，像《沙汀烟树图》，却是国宝级的藏品。

春　日

［宋］朱熹

胜日寻芳泗水滨，无边光景一时新。
等闲识得东风面，万紫千红总是春。

背景

从这首诗的标题和字面意思来看，像是诗人朱熹郊游时所写的游春观感，而据资料记载，朱熹生活的年代，泗水这个地方已经被金国占领了，他并没有去过这个地方。所以，这是一篇想象的虚拟之作。

注释

◎胜日：亲友相聚或风光美好的日子。这里指晴日。◎寻芳：游赏美景，这里指游春、踏青。◎泗水：河流名，在山东省中部，源于泗水县，流入淮河。◎滨：水边，近水之地。◎等闲：轻易，随便。

赏析

这是一首写景诗，也是一首哲理诗。

“胜日寻芳泗水滨，无边光景一时新。”在美好的春日里，到泗水之畔踏青，发现眼前的景物已经全部焕然一新。这两句点明了时间、地点和天气。作为想象之作，诗人在这里为什么要写泗水呢？原来孔子在春秋时期曾在泗水一带讲学，“泗水”暗指孔门，“寻芳”点明了全诗的主题，暗指诗人一心向往、追寻的圣人之道。

“等闲识得东风面，万紫千红总是春。”这里的“识”照应前面的“寻”字，说明春天的面容和特征很容易辨认，只要是春风吹过的地方，都将变成万紫千红的美景。朱熹将圣人之道比作了催发生机、点染万物的春风，

［明］周之冕绘《四时花鸟图》（局部）

“万紫千红”则比喻孔学的丰富多彩。

这首诗没有说理的痕迹，却无处不在说理，写得巧妙高明。

诗词深处的故事

朱熹是我国历史上唯一一位非孔子亲传弟子而享祀孔庙的人，受儒教祭祀。

为什么他这么特殊呢？因为他是儒学的集大成者，尤其是他所著的《四书章句集注》，成为古时候钦定的教科书和科举考试的标准。他的理学思想对元、明、清三朝的影响很大。

那这样一个了不起的大学问家，读书的秘诀是什么呢？

“朱子读书法”一共有6条：

（1）循序渐进：读书应该按照一定次序，前后不要颠倒。

（2）熟读精思：不可囫囵吞枣，要熟读成诵，并精于思考。

（3）虚心涵泳：反复咀嚼，细心玩味。

（4）切己体察：读书最终要用于实践，身体力行。

（5）着紧用力：读书须抓紧时间，勇猛奋发。

（6）居敬持志：读书时须精神专注，还要树立远大志向，长期坚守。

看来，朱熹能取得如此大的成就，跟他认真对待读书的态度有着密不可分的关系。

游园不值

[宋] 叶绍翁

应怜屐齿印苍苔，小扣柴扉久不开。

春色满园关不住，一枝红杏出墙来。

背景

江南二月的一天，诗人兴致勃勃地去拜访朋友，因朋友不在家进不了园门，顿生遗憾。后看到一枝红杏伸出墙外，被园中的美景所触动，即景成诗。

注释

◎不值：没有遇到人。值，碰到，遇到。◎屐（jī）齿：指木屐底下突出的部分。屐，木鞋，鞋底前后都有高跟。◎苍苔：指青色的苔藓。◎小扣：轻轻地敲击。◎柴扉（fēi）：柴门，即用木柴、树枝编成的门。

赏析

这首小诗写得十分巧妙且富有理趣。

“应怜屐齿印苍苔，小扣柴扉久不开。”作者拜访朋友，恰逢朋友不在而无法入园，不免有些失望和遗憾。但诗人的笔调却幽默而风趣，偏说大概是园子的主人爱惜园里的青苔，怕被我的木屐踩坏吧，所以才久敲柴门不开。

“春色满园关不住，一枝红杏出墙来。”承接前面两句，一扇柴门尽管让诗人无法入内，却关不住满园的春色，抬眼望去，一枝盛开的红色杏花已经探出墙头来了。这里的“春色”和“红杏”被拟人化了，以“春色”的关不住和“红杏”的出墙来暗示春天的到来。这两句情景交融，既渲染

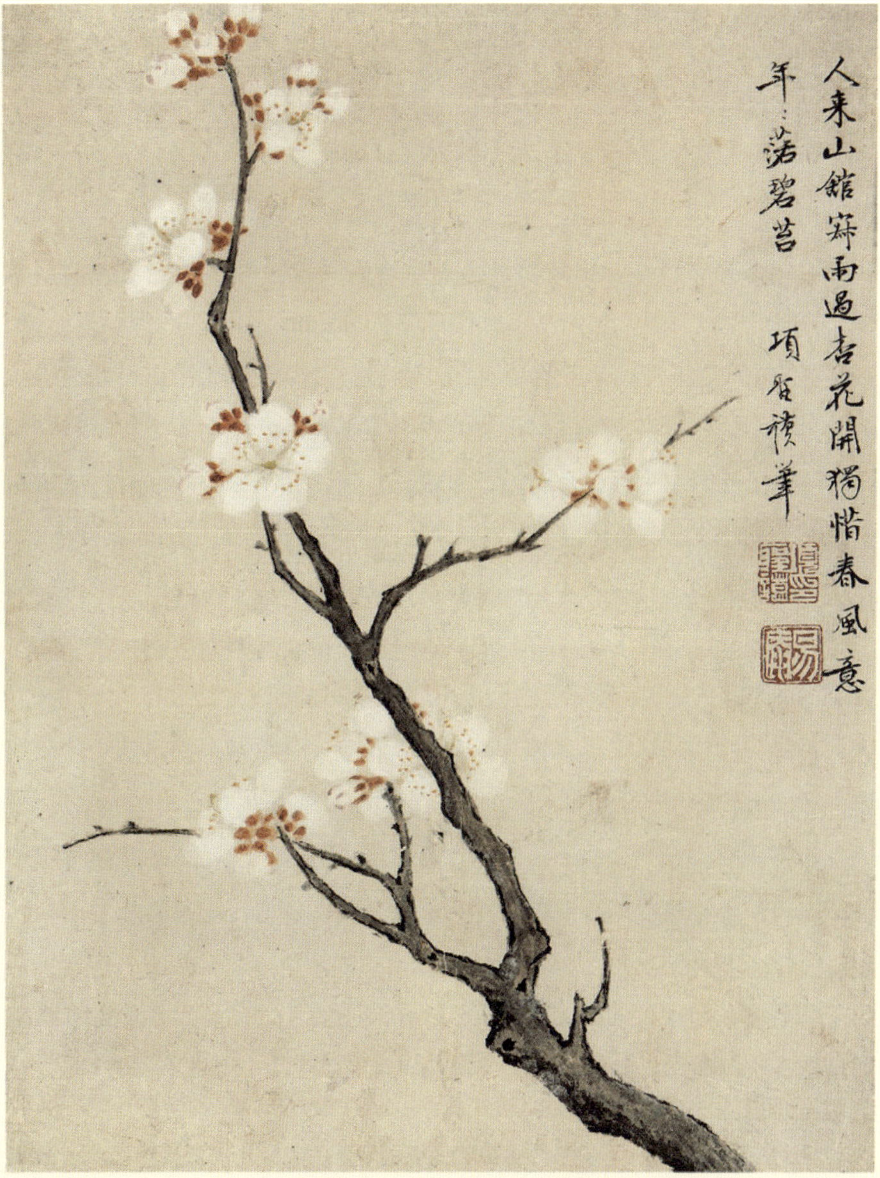

[明] 项圣谟绘《杏花图》

了浓郁的春色，又揭示了深刻的哲理，即一切新生的美好事物总会冲破重重束缚，蓬勃发展起来。

诗词深处的故事

我们都知道叶绍翁是南宋的诗人，但很多人不知道他的身世堪比“赵氏孤儿”。

叶绍翁原本姓李，祖父李颖士因抗金有功，升为大理寺丞、刑部郎中。当时的主战派赵鼎是宋高宗时代很有名的宰相，因与主和派秦桧不合，被罢官流放了3年之久，后绝食而亡。李颖士因为与赵鼎私交很好，也被牵连罢官。这个时候，考虑到后代的安全，李颖士就把小孙子绍翁过继给好友的儿子叶阳尔为孙。常言道，患难见真情，为了保护叶绍翁，叶家举家搬进了龙泉的深山老林。

叶绍翁的身上既承载着李家的良苦用心，也承载着主战派东山再起的希望。长大后，他就走出大山，踏上了谋求建功立业的道路，还在朝廷里做了一个小官。

后来，叶绍翁认识了真德秀，真德秀曾一度官至副宰相，这让叶绍翁更坚定了干一番大事业的信心。

谁知天有不测风云，不久之后，真德秀因病去世了，刚刚燃起希望的叶绍翁又陷入一片茫然。不过，才子总会有用武之地，他转而开始专心致志地撰写《四朝闻见录》。

写着写着，他又领悟到，在这样一个你争我斗的朝廷里，仕途之路必将是一条坎坷的路，于是，他便开始以诗为志，在诗中成就更好的自己。

村 居

［清］高鼎

草长莺飞二月天，拂堤杨柳醉春烟。

儿童散学归来早，忙趁东风放纸鸢。

背景

晚年的高鼎离开官场，归隐于上饶地区的农村。初春二月，宁静的村庄里，草长莺飞，杨柳拂堤，万物复苏，到处呈现出一派生机勃勃的景象。诗人一时有感，写下了这首诗。

注释

◎村居：住在村庄里。◎杨柳拂堤：指长长的柳条微微摆动，像是在抚摸堤岸。◎春烟：春天水泽、草木等蒸发出来的雾气。◎纸鸢：风筝。鸢，一种鹰。

赏析

这是一首描写乡村风景和生活的小诗。

“草长莺飞二月天，拂堤杨柳醉春烟。”农历的二月，诗人生活的村庄里，嫩绿的青草开始生长，黄莺飞来飞去，一派欣欣向荣的景象。而堤旁的柳树垂下长长的枝条，在微风中轻轻地摆动，抚摸着堤岸。放眼这一切，笼罩在春天的云烟雾霭里，又显得那么轻柔而迷人。“拂”“醉”二字，将杨柳人格化，写出了杨柳的柔态和神韵。

“儿童散学归来早，忙趁东风放纸鸢。”前两句写景，这两句写人物活动。描写了村里一群可爱的儿童放学一回家，就急急忙忙跑出去放风筝的情景。可见，小朋友们非常喜欢这明媚的春光。这里描写的生活场景使春天更加生机勃勃，富有朝气。

这首诗有动有静，由景到人，洋溢着欢快的情绪，展现了美好春光的生机和希望。

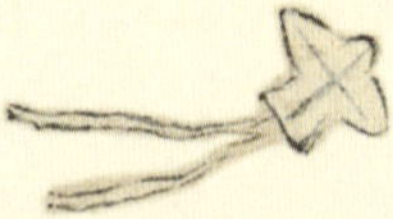

诗词深处的故事

放风筝是许多小朋友喜欢的活动，那风筝是怎么来的呢？

民俗学家认为，古人发明风筝是为了怀念已故的亲友，每到清明节时，人们会把对故人的慰问情谊寄托到风筝上，放飞后，可以给故去的亲友捎去音讯。

相传我国最早的风筝是木材制成的。春秋战国时期，墨翟按照鸟的形状，用木料制成可在空中飞行的“木鸳”。

后来，鲁班将材质换成了竹子，先把竹子劈开削光滑，再用火烤弯曲，做成喜鹊的样子，称为“木鹊”，它能在空中飞翔三天。

直到东汉时期，蔡伦改进了造纸术，坊间才开始用纸做风筝，称为“纸鸢”。

风筝在战场中还曾发挥着重要的作用。据说楚汉相争时，韩信攻打未央宫，曾利用风筝测量未央宫下面的地道距离。

而在垓下之战中，当项羽的军队被刘邦的军队团团围困时，韩信派人用牛皮做成风筝，并在上面绑上竹笛，迎风作响。汉军配合笛声，唱起楚歌。一时间，仿佛四周都布满了强兵，楚军的士气被削弱了，项羽的信心也被击垮了。这就是成语“四面楚歌”的故事。

夏

夏季是万物迅速成长的季节。

夏季有立夏、小满、芒种、夏至、小暑、大暑6个节气。

立夏是夏季的开始，这时节温度回升，农作物开始迅速生长。古代将立夏分为三候：一候蝼蝈鸣，二候蚯蚓出，三候王瓜生。在这一天，有的地方人们会用樱桃、青梅、麦子祭祖，品尝“九荤十三素”，称为尝新。有的地方还有立夏秤人的习俗，人们在村口挂起一杆大木秤，秤钩悬一个凳子，大家轮流坐在凳子上面秤人，司秤人一边打秤花，一边说着吉利话。正如古诗《立夏》中所描写的：“南疆日长北国春，蝼蛄聒噪王瓜茵。新尝九荤十三素，谁家村西不称人。”

小满是夏季的第二个节气，分为一候苦菜秀，二候靡草死，三候麦秋至。小满节气意味着雨水开始增多，进入了大幅降水的雨季。这时农作物的籽粒还没有完全饱满，宋代欧阳修在《小满》一诗中描写到：“夜莺啼绿柳，皓月醒长空。最爱垄头麦，迎风笑落红。”

芒种的“芒”字，指麦类等有芒植物到了收获的时候，“种”字指谷黍类作物到了播种的节令。俗语有“芒种芒种，连收带种”，芒种是一年中农事最繁忙的时节，正是南方种稻、北方收麦的时候。如同陆游在《时雨》中所写：“时雨及芒种，四野皆插秧。家家麦饭美，处处菱歌长。”芒种节气的三候分为一候螳螂生，二候鵙始鸣，三候反舌无声。

夏至日是一年中正午太阳高度最高的一天，分为一候鹿角解，二候蝉始鸣，三候半夏生。夏至时节，因为地面变热，空气对流旺盛，容易形成雷阵雨，江淮一带则进入“梅雨”季节。

小暑指天气开始炎热，但还没到最热。分为一候温风至，二候蟋蟀居宇，三候鹰始鸷。在古代，小暑节气时，民间有“食新”的习俗，也就是吃新米。人们将新打的米磨成粉，制成各种美食，与邻居乡亲分享来吃，以表达对丰收的祈愿。

大暑是一年中最热的时候，也是雷暴、台风频发的时期。分为一候腐草为萤，二候土润溽暑，三候大雨时行。民间有“小暑大暑，上蒸下煮”之说，正如戴复古在诗中描写道：“天地一大窑，阳炭烹六月。”大暑时节，民间有烧伏香、晒伏姜、饮伏茶等习俗，伏茶的茶水由中草药煮成，有清凉祛暑的作用。

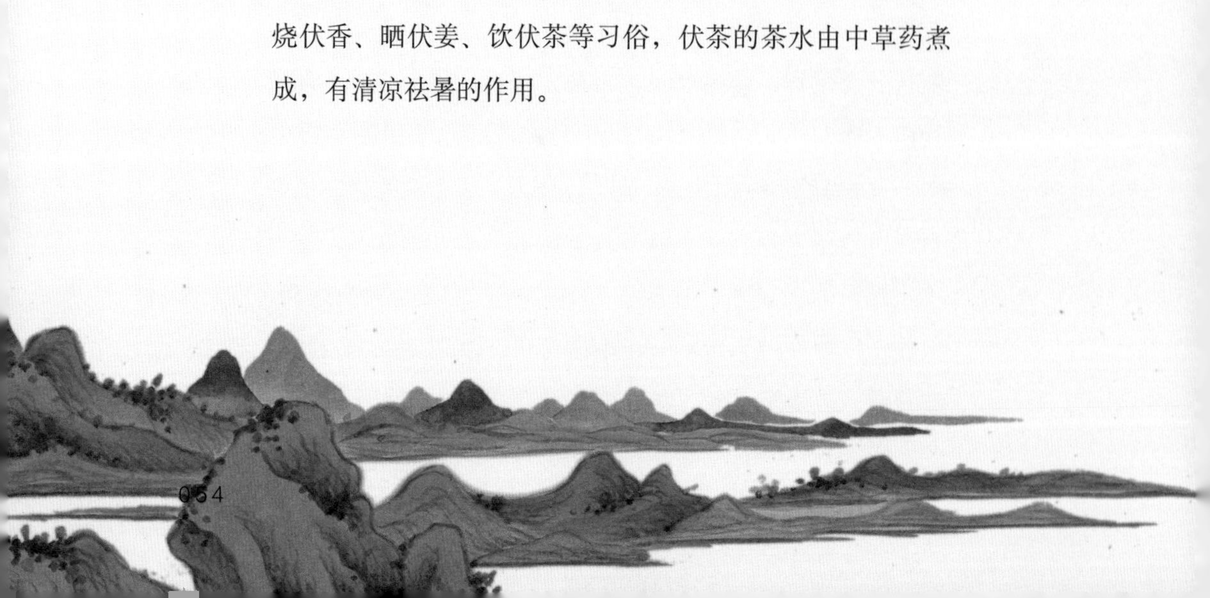

采莲曲

［唐］王昌龄

荷叶罗裙一色裁，芙蓉向脸两边开。

乱入池中看不见，闻歌始觉有人来。

背景

唐玄宗天宝七年（748年）的夏天，王昌龄正在龙标任职。一天，他到郊外游玩，在东溪的荷池，看到采莲女们采莲唱歌的情景，一时有感，写下了这首诗。

注释

◎采莲曲：古曲名。乐府旧题，内容多描写江南一带的水国风光与采莲女劳动的生活情态。◎罗裙：丝罗制的裙子。◎一色裁：像是用同一颜色的衣料剪裁的。◎芙蓉：一种锦葵科、木槿属植物。这里指荷花。

赏析

这是一首描写少女们采莲活动的诗。

“荷叶罗裙一色裁，芙蓉向脸两边开。”诗人独具匠心地把采莲少女和周围的自然环境组成了一个和谐的整体。女子的罗裙就像荷叶一样，都是绿色的，融入成片的荷花池中，让人几乎分不清哪个是荷叶，哪个是罗裙。“芙蓉”指荷花，少女红润美丽的脸庞，就好比出水的荷花一样。少女的脸庞掩映在盛开的荷花中间，仿佛是美丽大自然的一部分，人花难辨。

“乱入池中看不见，闻歌始觉有人来。”荷叶罗裙、芙蓉人面总是难以分辨，只有仔细盯着观察，才可能分辨清楚，给人变幻莫测的惊奇与怅惘。而当荷塘中传来清脆的歌声时，突然又察觉到这“看不见”的采莲少女们

［清］陈枚绘《月曼清游图》之《碧池采莲》

还在荷塘里。诗人将采莲少女置于荷花丛中，使她们与大自然融为一体，让整首诗显得更加生动，更有意境。

诗词深处的故事

自古以来，荷花就被作为清廉、圣洁的象征，人们常用荷花来形容一个人洁身自好。北宋周敦颐在其《爱莲说》中描写道：“莲之出淤泥而不染，濯清涟而不妖，中通外直，不蔓不枝，香远益清，亭亭净植，可远观而不可亵玩焉。”

其实，荷也被称为“活化石”，是被子植物中起源最早的植物之一。

在人类出现之前，地球表面的大部分地方不是海洋、湖泊，就是沼泽地。当时的气候温暖潮湿，适合蕨类植物的生长，所以它们遍布地球的各个角落，并且长势旺盛，有的甚至高达数十米。

不过，在那个恐龙和蕨类植物称霸的地球上，大部分被子植物没有活下去，而荷花却通过了大自然残酷的淘汰和筛选，坚强地挺到了今天。

斗转星移，又过了很多年，原始人类出现了。一开始，他们以采集野果为生，四处寻找能吃的果子。寻寻觅觅中，人类发现荷花的莲子和根节吃起来味道鲜美，带有一丝丝香甜，因此立刻就把它们纳入食物的行列。

作为人类赖以生存的食物来源之一，慢慢地，荷花也成了人类生存的象征。

积雨辋川庄作

［唐］王维

积雨空林烟火迟，蒸藜炊黍饷东菑。
漠漠水田飞白鹭，阴阴夏木啭黄鹂。
山中习静观朝槿，松下清斋折露葵。
野老与人争席罢，海鸥何事更相疑。

背景

王维隐居终南山后，过着悠闲自得的日子。这首诗就写于隐居时期。

注释

◎辋川庄：在今陕西蓝田终南山中，是王维隐居在辋川时的宅第。◎空林：渺无人迹的树林。◎藜：一年生草本植物，嫩叶可食。◎饷：给在田间劳动的人送饭。◎菑：初耕一年的土地，这里泛指农田。◎漠漠：形容广漠无际。◎啭：鸟婉转地叫。◎清斋：素食。◎野老：村野老人，这里指王维自己。◎海鸥：典出《列子·黄帝篇》，说海上有个青年非常喜欢鸥鸟，鸥鸟也喜欢亲近他。后来，他的父亲要他把海鸥捉回家来，他又到海滨时，海鸥便飞得远远的，心术不正破坏了他和海鸥的亲密关系。这里借海鸥喻人事。

赏析

这首诗描写了诗人隐居辋川时的生活。

“积雨空林烟火迟，蒸藜炊黍饷东菑。”写连日下雨，山林里非常潮湿，连烟火都好不容易才点着。做好饭后，家人们就送饭给田地里耕种的人。这两句描写了农家的劳动生活，透露出诗人闲散安逸的心境。

［清］汪中绘《得趣在人册》之一

“漠漠水田飞白鹭，阴阴夏木啭黄鹂。”写广阔无际的水田纵横交错，几只白鹭在上面尽情地飞着。这两句为我们绘制了一幅色彩相宜的美景图，白鹭、黄鹂，视觉上一淡一浓，相得益彰。飞翔的白鹭和婉转鸣叫的黄鹂，又让静谧的田园显得生机盎然。

“山中习静观朝槿，松下清斋折露葵。”早已淡泊名利的诗人，远离尘嚣，独处于空山之中，幽栖于松林之下，参木槿而悟人生短暂，采露葵以供清斋素食，一派超凡脱俗的风范。

“野老与人争席罢，海鸥何事更相疑。”诗人借用典故，表明自己与世无争，已远离是非之地，所以再也不会被猜忌了。

全诗清新脱俗，流露出诗人对田园生活的热爱，表现了诗人隐居山林、脱离尘俗的闲情逸致。

诗词深处的故事

有时一首诗的力量会很惊人，甚至可以挽救一个人的性命。

安史之乱爆发后，唐玄宗趁着拂晓时分秘密逃跑。王维当时在京城任职给事中，在城破后不幸被叛军俘获。

安禄山一向欣赏王维的才华，逼着他在自己的新朝廷里做事。王维不愿变节，就服药让自己的嗓音变哑，把身体搞得病恹恹的，表示自己实在不能做什么事情了。安禄山无奈之下，就把王维软禁在菩提寺中。

不久，安禄山在凝碧池大摆庆功宴席，让俘虏来的梨园子弟奏乐助兴。梨园子弟可是唐玄宗的御用乐队，其中的乐工雷海青大哭起来。安禄山厉声责问，雷海青就把手中的琵琶向他砸过去。安禄山大怒，随即命人将其杀害。

这个消息很快就由秘密往来的裴迪传给了关在菩提寺的王维，他万分激愤，口吟绝句一首："万户伤心生野烟，百僚何日更朝天？秋槐叶落空宫里，凝碧池头奏管弦。"意思是说整个国家被叛军搞的残破不堪，文武百官什么时候再朝拜唐朝天子呢？秋槐的落叶飘落在空寂的深宫里，凝碧池里却在高奏管弦，宴饮庆祝。

后来，安史之乱被平息了。按朝廷规定，在安禄山那里担任过伪职的人要受到处罚，王维的名字赫然在列，论罪要判死刑。

幸亏裴迪和菩提寺的僧人作证，出示了王维的那首诗，结果他不但被免了死罪，还得到了唐肃宗的嘉许。

江　村

［唐］杜甫

清江一曲抱村流，长夏江村事事幽。
自去自来梁上燕，相亲相近水中鸥。
老妻画纸为棋局，稚子敲针作钓钩。
但有故人供禄米，微躯此外更何求？

背景

这首诗写于唐肃宗上元元年（760年）夏。在饱经战乱之苦后，杜甫在朋友的资助下，在四川成都郊外的浣花溪畔盖了一间草堂，妻子儿女同聚一堂，重新获得了天伦之乐。时值初夏，诗人置身于这一片安静祥和的西南富庶之乡，看着浣花溪流水曲折，水木清翠，愉悦之情自然充盈于怀，便写下了这首诗。

注释

◎江村：江畔的村庄。◎清江：清澈的江水。江，这里指锦江，岷江的支流，在成都西郊的一段称浣花溪。◎幽：幽静，安闲。◎稚子：年幼的儿子。◎禄米：用作俸禄的粟米，这里指钱米。◎微躯：微贱的身躯，这里是作者的自谦之词。

赏析

这首诗描写了夏日村中优美恬淡的景物和闲适温馨的生活情趣，表现了诗人对来之不易的安定生活的满足。

“清江一曲抱村流，长夏江村事事幽。”曲曲折折的浣花溪，静静地环抱着村庄，令村庄显得更加安宁祥和。“抱村流”，用拟人的手法写出了浣

[清] 钱慧安绘杜甫《江村》诗意图

花溪的可爱。整个夏日里的江村，一切都显得那么幽静，饱经沧桑的诗人也不再感到愁烦，而是醉心于这优美的景色之中了。

“自去自来梁上燕，相亲相近水中鸥。”无论是梁上飞来飞去、自由自在的燕子，还是江中相亲相伴的鸥鸟，都有一种随性适宜的意趣。

“老妻画纸为棋局，稚子敲针作钓钩。”诗人的笔锋从景物转向家人，妻子坐在门前的树荫下画着棋局，小儿子在埋头认真地敲针做鱼钩。棋局最宜消夏，清江正好垂钓，这些生活中温暖美好的画面，传达出的是诗人悠然自得的满足感。

“但有故人供禄米，微躯此外更何求？”这两句表面上看似满足的话却饱含着无限的心酸和悲苦。诗人经历安史之乱，颠沛半生，眼前的和乐与安宁，更大程度是建立在朋友的帮助上。有朋友赠送钱米，还有什么可求的呢？这知足之言，透露出了许多的辛酸和凄凉之感。

诗词深处的故事

杜甫来到成都浣花溪之前，经历了怎样的磨难呢？

安禄山攻陷京城的时候，唐肃宗在灵武征兵，杜甫立刻投奔过去。谁知途中被叛军俘虏，押到长安。所幸因为他官太小，连叛军都不拿他当回事，就没有被囚禁。同时被俘的王维，因为官大些，而被囚禁起来，严加看管了。

所以，杜甫得以第二次找到时机冒险投奔，唐肃宗很感动，便封他为左拾遗。

当时的宰相房琯和杜甫关系很好，后来因为战场失利被免去宰相职位。眼看着好朋友落难，杜甫不能坐视不管，便上奏说房琯还是很有才干的，不应该被罢免，结果激怒了唐肃宗，遭到贬斥。

后来，杜甫几番沉浮。一次，他回羌村探亲。一进门，家人都惊讶极了，以为他早在兵荒马乱中丧生了。

杜甫百感交集，喟叹道："我怎么丢得下这一家人呢？"

直到夜深人静，杜夫人还对着烛光抹眼泪，惊叹在这样的乱世能生存下来，真是不容易。

看着一家老小置身于危险的境地，杜甫着实不安心。可天底下有哪里安全呢？对了，皇帝不是跑到四川避难了吗？看来那里会更安全。于是他拖家带口来到了成都，在浣花溪边住了下来。

在筹划修建草堂茅屋时，杜甫的表弟王司马，第一个送来了建房款。在草堂茅屋落成时，高适送来米面，邻居送来生活用品相贺，至此，杜甫一家才终于结束了多年漂泊不定的生活。

[清] 吴友如绘杜甫《江村》诗意图

池　上

［唐］白居易

小娃撑小艇，偷采白莲回。

不解藏踪迹，浮萍一道开。

背景

这首诗作于唐文宗大和九年（835年），白居易当时担任太子少傅分司东都洛阳。一日他游于池边，见山僧下棋、小娃撑船而作组诗，一共两首，这是其中的第二首。

注释

◎艇：轻快的小船。◎解：明白，懂得。◎踪迹：行动所留的痕迹。这里指被小艇划开的浮萍。

赏析

这首诗好比一组镜头，记录了一个小孩儿偷采白莲的情景。

“小娃撑小艇，偷采白莲回。”前两句描写了一个小孩儿趁大人不注意，撑着小船偷偷去采莲，突出了小孩儿的顽皮和狡黠，甚至有一点冒险精神。偷采白莲后，小孩子又匆匆忙忙返回，表明他不想让大人发现他的冒险举动。

“不解藏踪迹，浮萍一道开。”这两句巧妙地刻画了小孩子的天真：他以为自己行动机密，不会被人发觉，哪知小船驶来时，冲得水面的浮萍向两边散开，水面波动，出现了一道清晰明显的痕迹。“藏”字，表现出小孩儿既不想让人发现又不懂得隐藏自己的踪迹，天真可爱之态毕现。“开”字，表明浮萍上划出的一条水道，暴露了小孩的秘密，使小孩天真活泼的可爱形象跃然纸上。诗中一连串的动词将小孩子天真烂漫的天性表现得淋漓尽致。

诗词深处的故事

许多文人墨客喜欢把自己比作“浮萍”，为什么呢？因为它是一种没有根，而且漂浮不定的水面浮生植物。

那这种植物是不是没什么用呢？可不是的，它不但能作家畜和家禽的饲料，还是一味中药，而且这背后还有一个有趣的故事呢。

相传有一天，李时珍正在野外采药，突然电闪雷鸣，来了一场雨。他抬眼看到水面上有一条小船，就请求上船躲雨。一个老渔翁和他的两个孙子热情接待了他。

当老渔翁得知李时珍为了采药才来到这里时，就把自己知道的药物知识都告诉了李时珍，最后还说道：“我们这里还有一味草药，能治身痒和癣疮。”

李时珍急切地问：“它生长在什么地方？有什么特征呢？”

“就长在水上，近在咫尺，”老渔翁哈哈地笑着，继续说，“天生灵芝本无根，不在山间不在岸。始因飞絮逐东风，泛根青青泛水面。”

听爷爷这么一说，不到10岁的大孙子立刻接了一首童谣：“有根不带沙，有叶不开花。最爱随风飘，江河都是家。”

小孙子一看这情景，也唱了一段儿歌：“有根不着地，有叶不开花。整日随风飘，四海就是家。”

李时珍听完，略作思索，突然眼睛一亮，看向不远处，指着水面上那一片漂移不定，在风雨中依然团聚不散的水草说：“就是它！”

没错，李时珍猜对了，那就是浮萍。

夏昼偶作

［唐］柳宗元

南州溽暑醉如酒，隐几熟眠开北牖。
日午独觉无馀声，山童隔竹敲茶臼。

背景

这首诗写于唐宪宗元和二年（807年）。安史之乱后，中央对各地藩镇失去了控制，逐渐形成藩镇割据的局面。唐顺宗重用王叔文等人，针对宦官弄权和藩镇割据，积极推动革新。柳宗元与王叔文等政见相同，也被提拔为礼部员外郎。但因唐顺宗中风后失去执政能力，宦官集团和藩镇节度使联合起来反对改革，革新宣告失败。柳宗元也因此被贬为永州司马。这首诗就是诗人被贬于永州时所作。

注释

◎南州：指永州。◎溽（rù）暑：暑湿之气，指盛夏时潮湿又闷热的气候。◎隐几：倚靠着几案。◎牖（yǒu）：窗户。◎茶臼：指捣茶用的石臼。

赏析

这首诗描写了永州夏日里的一个生活片段。

“南州溽暑醉如酒，隐几熟眠开北牖。”这里说永州的夏天就像一个大型的“蒸笼”，潮湿闷热，人们整日在这样的高温环境中，常常疲倦无力，像喝醉了酒一样嗜睡。因天太热了，诗人打开北窗，倚靠着几案沉沉睡去。“醉”字，用词生动巧妙，富有画面感。

“日午独觉无馀声，山童隔竹敲茶臼。”诗人一直睡到中午才醒来，只

［清］汪中绘《得趣在人册》之一

觉得整个世界都是一片寂静，唯独竹林那边传来了山童敲击茶臼的声音。这两句静中有动，以有声写无声，愈加衬托出了夏日中午时分安静、沉寂的氛围。

诗词深处的故事

诗中的“牖”字对我们来说是不是不太常见？它在古代表示窗户。

左边的“片”字，表示这不是门，是用木头做成的小木板，右边是上“户”下“甫”，表示这是一种像门户一样起到辅佐作用的小木板，也就是窗户了。

假如你穿越上古时代，你会发现古代院落的构造很讲究，你将依次进入门、庭、堂、室。上古的“窗”专门指开在屋顶的天窗，而凿穿墙壁、位于室和堂之间的窗才叫作“牖”。

我第一次见到“牖”字是在《论语·雍也》中：伯牛有疾，子问之，自牖执其手，曰“亡之，命矣夫！斯人也而有斯疾也！斯人也而有斯疾也！”。

这是一个凄惨的故事。孔子的弟子冉伯牛德才兼备，可惜得了传染病，一种不治之症，被隔离在屋子里，孔子前去探望。一听孔子要来了，冉伯牛特意按照当时礼节，把床移到南面窗下，方便孔子面南接受自己礼拜。而孔子则不忍心让病人起床行礼，就没有进入室内，而是从窗口探望，孔子从窗户握了冉伯牛的手。离开的时候说：“我们将失去他了，这是命中注定的吧！这么好的一个人，怎么得了这样的病！”

这一次可以说是孔子与冉伯牛的诀别。一个好人得了恶病，孔子很是痛心，但他只能把这种结果归为天命，对生老病死也是一筹莫展。他对冉伯牛的不幸，既牵挂又担忧，却又无可奈何。

晚 晴

［唐］李商隐

深居俯夹城，春去夏犹清。
天意怜幽草，人间重晚晴。
并添高阁迥，微注小窗明。
越鸟巢干后，归飞体更轻。

背景

李商隐中进士后，在唐文宗开成三年（838年）入赘泾原节度使王茂元家，当了上门女婿。结果就陷入了党派争斗，一直遭到牛党的忌恨和排挤。唐宣宗继位后，重用牛党的人，牛党把持朝政，形势对李商隐更加不利。他只能离开长安，跟着一个叫郑亚的人到桂林当幕僚。郑亚对李商隐很信任，让李商隐感受到了一些人情的温暖。而且，能够离开党争的旋涡，对李商隐来说，也得到了精神上的解放。这首诗就是在这样一个背景下写出来的。

注释

◎夹城：城门外的曲城。◎幽草：幽深地方的小草。◎高阁：高大的楼阁。这里指诗人居住的楼阁。◎迥：远。◎越鸟：南方的鸟。

赏析

这是一首五言律诗，是诗人在雨后天晴、登高远望时的抒怀之作。

“深居俯夹城，春去夏犹清。”首联点明时间、地点，交代诗人深居简出，过着离群索居的日子。送走春天，迎来夏天，一切是那么清朗，进而引出下文诗人凭高望远所见的晚晴。

［宋］佚名绘《柳院消暑图》

“天意怜幽草，人间重晚晴。”小草饱受雨水的浸泡后，终于得到上天的怜惜，等来了晴天。这两句表面是写景，其实另有寓意，“幽草”暗示诗人流落后的自怜之意，而此时受到了庇护，自然倍感温暖。

“并添高阁迥，微注小窗明。”写诗人登上高高的阁楼，凭栏远眺，只见天高地远，夕阳的余晖照进窗棂。说明即便是余晖，也能带给人希望。诗人通过对晚景的具体描绘，突出了明朗欣喜的心境。

“越鸟巢干后，归飞体更轻。”鸟儿们的巢已经被晒干，它们的体态也恢复轻盈了。鸟儿归巢，暗喻客居他乡的旅人身有寄处，居有定所了，带有自况的意味，“越鸟”似乎正是诗人的化身。

诗词深处的故事

这首诗里，最有名的一句应该就是“人间重晚晴”了，我们现在还常常听到它，不过它的前半句换了，变成了“莫道桑榆晚，人间重晚晴”。

那“莫道桑榆晚”又出自哪里呢？原来这句话出自刘禹锡回赠给白居易的诗。

刘禹锡64岁那年，以太子宾客的身份分司东都洛阳，实际上等于退出官场了，当时的白居易也以同样的身份在洛阳住了3年。

他们二人在诗文方面是至交，又都经历了仕途的颠簸和沧桑人事的洗礼，垂老之年，还都患有足疾和眼疾，更免不了同病相怜。

白居易在给刘禹锡的《咏老赠梦得》一诗中说：“与君俱老也，自问老何如。眼涩夜先卧，头慵朝未梳。有时扶杖出，尽日闭门居。懒照新磨镜，休看小字书。情于故人重，迹共少年疏。唯是闲谈兴，相逢尚有馀。”诗中满是对衰老的悲观情绪。

刘禹锡看后写了《酬乐天咏老见示》作为回赠，其中的四句为“细思皆幸矣，下此便翛然。莫道桑榆晚，为霞尚满天”。意思是说，细细想来老了也有好的一面，克服了对老的忧虑就会心情畅快，无挂也无牵。不要说太阳到达桑榆之间已近傍晚，它的霞光余晖照样可以映红天宇。

可见，衰老并不可怕，最主要的是要保持好的心态，这样才可以更好地享受晚年的风景。

山亭夏日

［唐］高骈

绿树阴浓夏日长，楼台倒影入池塘。

水精帘动微风起，满架蔷薇一院香。

背景

这是唐末将领高骈的诗作。一日，诗人登上山亭，被眼前的绿树荫浓、楼台倒影、池塘水波所触动，写下了这首诗。

注释

◎阴浓：指树荫很浓稠。◎水精帘：又名水晶帘，是一种质地精细而色泽莹澈的帘。◎蔷薇：一种观赏性植物，夏季开花，果实可入药。

赏析

这首诗描写了山亭夏日的美好风光，描绘了一幅色彩艳丽、宁静祥和的乡村风景图。

“绿树阴浓夏日长”，看似平常之笔，却经得起品味与推敲。“阴浓”二字，原本表示夏日树木繁盛，树荫稠密，这里又暗示出正值夏日正午，烈日当头，十分炎热。

“楼台倒影入池塘”，写诗人眼里的池塘如一面镜子，水中的楼台倒影都清晰可见。“入”字用得极好，真实地表达出楼台倒影映在池塘里十分清晰的情景，也说明池水非常的清澈。

“水精帘动微风起”，诗人在这里运用了一个非常生动的比喻，将整个水面比作水晶做成的帘子，水晶本来就给人一种晶莹剔透很光亮的感觉，微风吹来，水波潋滟，碧波粼粼，正如水晶，泛着光华，十分美妙而逼真。

［清］张崟绘《山静日长图》（局部）

“满架蔷薇一院香”，前三句都是在写景，最后一句除了景物描写外，还展现了诗人的嗅觉。正当诗人陶醉于绿树浓荫、楼台倒影、池塘微波的美景中时，忽然看见满架漂亮的蔷薇花，花香浓郁，使整个院子充满醉人的芬芳，精神不由得为之一振。“一院香”又对应了上一句的“微风起”，使整首诗洋溢着夏日特有的生气，仿佛我们也亲临山亭，看到了这一片美景。

诗词深处的故事

高骈写得一手好诗，被赞为“雅有奇藻”。他还是武功了得的高级将领，被称为“落雕侍御”，可令人意外的是，他一生的功名，最后却毁于一旦。

高骈早年在禁军任职，相传有一天，他看见两只雕在天上并飞，说：“我如能发迹，便能射中。”说罢，一箭射去，果然贯穿两雕，众人惊讶极了，从此称他为“落雕侍御”。

高骈带领的军队，曾多次打败黄巢的起义军，屡立战功，他也因此被皇帝封为渤海郡王。可是好景不长，高骈的辉煌很快就被黄巢的一个计谋给打破了。

高骈手下有个特别厉害的大将，叫张璘，张璘出兵，屡战屡胜，让黄巢损失了好几万人。后来，黄巢用金帛贿赂张璘，又写信给高骈，假装悔过投降。宰相卢携信以为真，就以朝廷名义遣散了各地的援兵。黄巢借这个机会反攻，还把张璘给杀死了。

高骈为了保全自己，竟然没有迎战，结果让黄巢占领了两个重要的城市。因此，高骈的兵权也被撤销了。

当黄巢起义被平定后，高骈特别后悔当初没有建功立业，就开始自暴自弃，日渐消沉。到了晚年，他开始笃信神仙之术，喜欢装神弄鬼，几乎到了疯狂的程度。他重用专断的术士吕用之、张守一等人，导致上下离心。最终，高骈也被部下囚杀了。

可见，面对失误，自暴自弃的做法，只能更快自取灭亡。其实每个人都有犯错的时候，只要积极面对，勇于改正，就有机会成为更好的自己。

客中初夏

[宋] 司马光

四月清和雨乍晴，南山当户转分明。

更无柳絮因风起，惟有葵花向日倾。

背景

宋神宗熙宁三年（1070年），王安石在皇帝的支持下实行变法。司马光等人因极力反对，而被迫离开汴京，退居洛阳。这首诗就是司马光在洛阳时所作。

注释

◎客中：旅居他乡作客。◎清和：天气清明而和暖。◎南山当户：正对门的南山。◎惟有：仅有，只有。

赏析

这首诗托物言志，表达了诗人对君王的一片忠心。

“四月清和雨乍晴，南山当户转分明。”春尽夏初之际，天气清明而和暖，恰好又逢一场雨水的洗礼，山色自然更清新迷人了。诗人以浅白通俗的语言，描绘出了一幅情趣盎然的雨后山景图。

“更无柳絮因风起，惟有葵花向日倾。”诗人采用托物言志的手法，以眼前没有随风飘扬的柳絮，只有向着太阳开放的葵花这一景象，将王安石等人比作“柳絮”，并用“葵花”自比，表明自己决不做趋炎附势、见风使舵的人，而是会像葵花那样忠于君主，忠于国家。

[明] 沈贞绘《竹炉山房图》

诗词深处的故事

大多数人对司马光的认识，源自“司马光砸缸”这个故事。

有一次，他跟小伙伴们在后院里玩耍，有个小伙伴爬到大缸上玩，一不小心掉进了装满水的大缸里。别的孩子一见出了事，都慌了，有的吓哭了，只有司马光急中生智，从地上捡起一块大石头，使劲向水缸砸去。水喷涌而出，小伙伴得救了。

千百年来，多少人为他的机智而赞叹。要知道，那个时候司马光才7岁。

那他的一身胆识和智慧是怎么形成的呢？一方面得益于他有个好父亲，另一个方面因为他自己非常好学。

司马光小时候特别喜欢读书，常常“手不释书，至不知饥渴寒暑”。在他7岁时，就能熟练地背诵《左传》，还能把两百多年的历史梗概讲述得清清楚楚。

每当外出游历，司马光的父亲总是把司马光带在身边。他随着父亲走过很多地方，访古探奇，赋诗题壁，长了很多见识。

司马光的父亲在与朋友交谈的时候，也会让司马光留在身边，耳濡目染之下，司马光又积累了广博的知识。

20岁的时候，司马光参加了科考，一举高中甲科，从此步入仕途。

尽管后来因反对王安石变法，司马光辞去了官职，可就在他不问政事的这15年里，还编撰了一部宏伟的著作《资治通鉴》。

可见，司马光除了才学出众，还特别会利用时间。他没有因为仕途失利而一蹶不振，而是利用这段时间，创造了更大的价值，这都是值得我们学习的。

六月二十七日望湖楼醉书

［宋］苏轼

黑云翻墨未遮山，白雨跳珠乱入船。

卷地风来忽吹散，望湖楼下水如天。

背景

宋神宗熙宁五年（1072年），苏轼在杭州任通判。这年六月二十七日，他游览西湖，在船上看到奇妙的湖光山色，后又到望湖楼上喝酒观景，优美的景色让他诗兴大发，便写了一组诗，共5首，本诗是第一首，最能显示苏轼深厚的艺术功力。

［南宋］王诜绘《玉楼春思图》

注释

◎望湖楼：古建筑名，又名看经楼、先得楼，位于杭州西湖畔。◎翻墨：打翻的黑墨水，这里形容云层很黑。◎白雨：因雨点大而猛，在湖光山色的衬托下，显得白而透明。

赏析

这首诗写了诗人苏轼在船上所见之景，将一场突如其来的风雨写得十分生动。诗人很善于捕捉灵感，体现在一个“醉”字上。醉于酒，醉于山水之美，进而激情澎湃，才赋成即景佳作。

“黑云翻墨未遮山”，这里运用比喻，将骤聚翻滚的乌云比作打翻的一瓶黑墨水，形象逼真，说明一场大雨即将到来。

“白雨跳珠乱入船”，大雨突降，一颗颗晶莹剔透的雨珠落在湖面上，溅起无数的水花，继而又乱纷纷地跳进船舱。用“跳珠”来形容雨点，十分生动有趣，说明这场雨是骤雨，雨下得又急又猛。

“卷地风来忽吹散”，狂风忽然席卷大地，又把这阵雨吹散了。“忽”用得十分巧妙，既突出天气变化之快，又显示了风的巨大威力。

“望湖楼下水如天”，雨过天晴，水天一色，诗人弃船登楼，凭栏远望，只见湖面上天入水，水映天，水色和天光融合在一起，境界十分开阔。

这首诗恰到好处地抓住湖面上急剧变化的景物，动静结合，情景交融，趣味十足。

诗词深处的故事

苏轼集才华与趣味于一身，可是，你知道吗？他也有过年少轻狂的时候。

苏轼年少成名，受到赞誉无数，不免有些飘飘然了。

有一天，他写了一副对联“识遍天下字，读尽人间书”，然后得意扬扬地贴到大门上。

结果，没过几天，有一位老人就拿着一本书来请教苏轼了。苏轼胸有成竹地打开一看，竟然一个字都不认识，瞬间窘得满脸通红。还以为自己的才学很了不起，原来人外有人，天外有天，自己不知道的东西还多着呢。于是，苏轼赶忙把上下联前面各加两个字，将对联改成“发奋识遍天下字，立志读尽人间书”。

苏轼从老人无声的教诲中认识到学海无涯、学无止境的道理。从此，他孜孜不倦地读书、学习，最终成为赫赫有名的一代文豪。

可见，谦虚的确能使人进步。

［清］袁耀绘《山水楼阁图》（局部）

饮湖上初晴后雨

［宋］苏轼

水光潋滟晴方好，山色空蒙雨亦奇。
欲把西湖比西子，淡妆浓抹总相宜。

背景

《饮湖上初晴后雨》是苏轼的组诗作品，共两首，本首诗为第二首。苏轼于宋神宗年间，曾在杭州任通判，写下了大量有关西湖景物的诗作，这首诗就是他夏天游玩西湖时所写的。

注释

◎湖：西湖。◎潋滟：波光闪动的样子。◎空蒙：云雾迷茫的样子。◎西子：西施，春秋时代越国有名的美女。

赏析

这是一首赞美西湖之美的七言绝句。

“水光潋滟晴方好，山色空蒙雨亦奇。”晴朗的天气里，西湖之水波光粼粼、明艳动人；雨雾迷茫的天气里，西湖之山色彩奇幻、别有韵致。说明西湖的山山水水，无论是晴天还是雨天，都是极美的，表现了诗人对西湖之景的喜爱。

“欲把西湖比西子，淡妆浓抹总相宜。”如果把西湖比作美貌的西施，淡妆也好，浓妆也罢，都不影响它的美丽。诗人用“总相宜”来说明西湖不论晴天还是雨天，都美妙无比，极富神韵，这两句很传神地为我们展示了西湖之美。

[清] 周尚文绘《西湖全景图屏》(局部)

诗词深处的故事

苏轼与西湖的缘分不浅，西湖“苏堤春晓”这道美景就是他给添上的。

明代张宁在《苏堤春晓》一诗中说：“杨柳满长堤，花明路不迷。画船人未起，侧枕听莺啼。”可见西湖景色之美。

如今，人们到了西湖，更是必去苏堤。那苏堤背后有什么故事呢？

宋神宗时期，苏轼因为与王安石政见不合，请求外任，做了杭州通判。苏轼第一次到杭州时，立刻就对这里的景色着迷了，觉得西湖与古代美女西施一样美，于是写下了“欲把西湖比西子，淡妆浓抹总相宜”的诗句。

宋哲宗即位后，司马光等旧党执政，苏轼回朝做了朝奉郎。后来又因和司马光政见不合，请求外任，又到杭州做官。当他看到西湖因为长期没有疏通，淤塞过半，感到非常惋惜。

就在他考察淤泥该堆放在哪里时，突然听到柳林深处传来一阵渔歌声：“南山女，北山男，隔岸相望诉情难。天上鹊桥何时落？沿湖要走三十三。”意思是说南山和北山的青年男女因为两地交通不便，而难以婚配。

苏轼听到后，更加坚定了疏浚西湖的想法，于是，他率领20万民众疏通西湖，修筑长堤。这样一来，既解决了淤泥的堆放问题，也解决了两岸的交通问题，一举两得。

长堤修成后，老百姓很高兴，就给它起名为“苏公堤”，后来简称为“苏堤”。

鄂州南楼书事

［宋］黄庭坚

四顾山光接水光，凭栏十里芰荷香。

清风明月无人管，并作南楼一味凉。

背景

宋徽宗即位后，起任黄庭坚为监鄂州税，签书宁国军判官、舒州（今安徽安庆）知州，又以吏部员外郎召用，他都推辞不就，请求担任郡官，做了太平州知州。结果上任仅仅9天就被罢免了。这首诗就是黄庭坚在鄂州被贬时所写。

注释

◎鄂州：在今湖北省武汉、黄石一带。◎南楼：在武昌蛇山之顶。◎芰（jì）：菱角。◎一味凉：一片凉意。

赏析

这首诗描写了武昌夏天的一个晚上，诗人登上南楼纳凉远望的情景。

“四顾山光接水光，凭栏十里芰荷香。”诗人在南楼上倚着栏杆向四周望去：视觉上，只见山光连着水光，一片通明；嗅觉上，又闻到辽阔的水面上盛开的菱角花、荷花的淡淡清香。

“清风明月无人管，并作南楼一味凉。”清风明月无人管束，给南楼送来了清爽的凉意。这两句又从触觉上描写了习习清风带来的阵阵夜凉。至此，诗人便将读者的各个器官感受都调动起来，给人身临其境之感。

这首诗看似写景，实则另有寓意。诗人一生道路崎岖坎坷，曾多次被贬，眼见明月清风，无拘无束，想到自己动辄得罪，怅恨之情溢于言表。

［清］杨晋绘《荷庄清夏图》（局部）

“无人管”暗示自己不受皇恩眷顾，屡次遭贬。诗人借景抒情，以“十里芰荷香”，表明自己还留存着一些安慰和希望。

诗词深处的故事

黄庭坚是江西诗派的宗师和领袖。

要知道，他曾拜苏轼为师，与张耒、晁补之、秦观游学于苏轼门下，是“苏门四学士”之一，可为什么他的老师苏轼没有形成流派，而黄庭坚却成为江西诗派的宗师呢？

原来苏轼之作放笔纵意，变化莫测，结构复杂，人们不好找到规律，而黄庭坚的创作思路有迹可循，便于效法学习。那黄庭坚作诗有什么诀窍呢？主要有以下四个方面：

（一）强调“无一字无来处”，也就是说作诗时，每个字都要经过锤炼、斟酌，字字都要有来处。

（二）主张“无人知句法，秋月自澄江”，就是说作诗的句法要简易，这样才能平中见奇，如秋月澄江，明晰可感。

（三）主张“若欲作锦，必得锦机乃能作锦”，就是说要讲求诗的结构和曲折变法等章法，这些可以通过学习前人的作品去揣摩。

（四）主张不因循守旧于诗法，最终达到自我超越。

三衢道中

[宋]曾几

梅子黄时日日晴，小溪泛尽却山行。

绿阴不减来时路，添得黄鹂四五声。

背景

一次，曾几到浙江常山的三衢山游玩，沿途美景不断映入眼帘，黄鹂啼叫不绝于耳，诗人有感而发，写下了这首诗。

注释

◎三衢（qú）：即浙江衢州，境内有三衢山，所以又叫“三衢”。◎梅子黄时：指五月梅子成熟的季节。◎小溪泛尽：乘小船走到小溪的尽头。泛，这里指乘船。◎却：再，又。◎绿阴：树荫。

赏析

这首诗写了初夏时宁静的景色和诗人在山间行路时轻松愉快的心情。全诗明快自然，极富生活韵味。

“梅子黄时日日晴，小溪泛尽却山行。”五月份梅子成熟的时节，通常是雨天多，如今却“日日晴”，所以诗人格外开心，因为他在外出的路上，晴天自然最有利。诗人乘着小船，沿着小溪走到了尽头，又改成山路，说明游兴很浓。

“绿阴不减来时路，添得黄鹂四五声。”这两句紧承前句的“山行”，写山路上苍翠的绿树和浓荫，爽静宜人。而绿林深处传来的黄鹂的欢叫声，又给归途助了兴，比来的时候增添了更多的生机和乐趣。

全诗全用景语，浑然天成，描绘了浙西山区初夏的秀丽景色。原本，

[近代] 陈树人绘《柳上莺歌图》

这只是一次平平常常的行程，在诗人曾几笔下却被写得错落有致，平中见奇，不仅写出了初夏宜人的风光，还在景物的描绘中锲入了诗人自己愉快欢悦的心情。

诗词深处的故事

曾几是南宋诗人，也是陆游的老师。

曾几年轻时很有见识，进入太学，参加吏部考试，考官一看他的文章，惊讶于他的才情，将其列为优等，于是曾几很快就被提拔做官了。

曾几虽然没有他的学生陆游出名，但他也是个学识渊博的经学大师。曾几作诗风格活泼流动，咏物重神似。曾几为官勤于政事，为人刚正不阿。陆游对这位老师是非常仰慕和钦佩的。

不过，这样一位德才兼备的人物，却被罢过一次官。那这是跟谁过不去呢？答案是秦桧。

当时，曾几的哥哥曾开为吏部侍郎，因为和议金人的事情，和秦桧争论了一场，秦桧大怒，曾开离职，曾几也被罢官了。

后来，曾几又被朝廷起用。就在他担任地方官时，曾发生过一件事情。当地的一个县令接受贿赂，被两名官吏要挟，县令把这两个官员关在狱中，结果，一个晚上都死了。曾几追问县令的罪责，有人说："县令是丞相沈该的门客。"曾几毫不顾忌，追究得更急迫了。可见，他是个不畏强权，做事很有原则的人。

曾几82岁时去世，他的弟子陆游替他作了墓志铭，称他"治经学道之余，发于文章，雅正纯粹，而诗尤工"。

小 池

［宋］杨万里

泉眼无声惜细流，树阴照水爱晴柔。

小荷才露尖尖角，早有蜻蜓立上头。

背景

杨万里曾在常州当官。一天，他漫步在一个池塘边，顿时被眼前的涓涓小泉、池中新荷等美景打动，诗兴高涨，写下了这首诗。

注释

◎泉眼：流出泉水的小洞或者裂缝。◎照水：映在水中。◎晴柔：晴天里柔和的风光。

赏析

这首诗描写了初夏池塘的美景，清新而别致。

“泉眼无声惜细流，树阴照水爱晴柔。”一股涓涓小流从泉眼中悄悄地流出来，柔和怡人的春光里，树荫映在水面上。诗人描写的本来是平常的景物，一个“惜”字顿时让景物活泛起来，好像是泉眼太爱惜涓流，才让它慢慢地、缓缓地流淌出来。“爱”字又赋予树荫以人的情感，说大概是因为树荫太喜爱这柔美的风光，才将自己美妙的身姿展现在水面上。

“小荷才露尖尖角，早有蜻蜓立上头。”写初生的新荷刚刚露出尖角，就有蜻蜓立在上面。“小荷才露”表明这是生机勃发的时节，诗人抓住初夏独有的景物特征，为我们描绘了一幅动感十足、情趣盎然的池荷图景，充满诗情画意。

［明］陆治绘《荷花蜻蜓图》

诗词深处的故事

对于小朋友的教育，父母起着非常关键的作用，因为父母是我们的第一任老师，他们的言行会影响到我们的成长。其实，在古代也是这样的。

杨万里出生时，正是南宋风雨飘摇的时代。更为不幸的是，8岁那年，他的母亲就去世了，留下幼小的他和父亲杨芾相依为命，过着节衣缩食的日子。

然而，就是在这样贫苦的条件下，他还是成了一个很有成就的诗人、文学家。这背后有一个人起了非常大的作用。

他就是杨万里的父亲杨芾。杨芾是一个特别喜欢读书的人，哪怕节衣缩食，忍饥挨饿，他也要坚持买书。不知不觉，十多年的光景，家里就积攒了数千卷的藏书。

在父亲的影响下，杨万里从小读书就非常用功，而父亲的藏书也成了他获取知识的主要源泉。后来，杨万里还拜了许多名士做老师，并从这些名士身上学到了很多知识和做人的道理。

杨万里做官的时候，廉洁自律，公正严明，非常体恤老百姓。在他担任奉新县知县时，正好赶上这里闹旱灾。杨万里看到监牢里关满了交不起租税的老百姓，而官署的存钱的府库也空了，就知道一定是官吏们中间盘剥所致。于是他下令，把牢里的“囚犯”全部放还，还禁止官吏们逮捕、鞭打老百姓。然后，发给每户一纸通知，放宽税额和期限。结果百姓们纷纷主动纳了税，不出一个月，欠税都交清了。

［南宋］佚名绘《荷花图》（局部）

晓出净慈寺送林子方

［宋］杨万里

毕竟西湖六月中，风光不与四时同。

接天莲叶无穷碧，映日荷花别样红。

背景

此诗作于宋孝宗淳熙十四年（1187年）。林子方是杨万里的好朋友。当时，林子方奉命调往福州任职，杨万里清晨从杭州西湖附近的净慈寺送别林子方，经过西湖边时写下了这首诗。

注释

◎净慈寺：著名佛寺，在杭州西湖南岸。◎毕竟：终究，到底。◎四时：春夏秋冬四个季节。这里指六月以外的其他时节。◎接天：与天空连接。◎无穷碧：因西湖中莲叶面积很广，似与天相接，故呈现无穷的碧绿。◎别样：特别，不一样。

赏析

这首诗中，诗人杨万里通过描写杭州西湖六月的美景，间接表达了对好朋友林子方的依依不舍之情。

“毕竟西湖六月中，风光不与四时同。”开篇两句质朴无华，说六月的西湖风光景色与其他时节截然不同，是足以让人留恋的。突出了六月西湖景色的独特而美好，强化了西湖之美。

“接天莲叶无穷碧，映日荷花别样红。”承接前两句，诗人抓住盛夏时西湖特有的景物，描绘了一幅绚烂生动的西湖美景。“碧”“红”二字突出了莲叶与荷花强烈的色彩对比以及带给人的视觉冲击。“别样”说明开得正艳

[近代] 马骀绘杨万里《晓出净慈寺送林子方》诗意图

的荷花只有在夏季六月中才能看到，其他季节是看不到的。伸展到尽头的荷叶仿佛与蓝天融合在一起，既写出了湖面之壮阔，又渲染出无边无际的碧色，造成空间上无穷的艺术美感。

诗词深处的故事

杨万里的诗语言浅显易懂，富有幽默感和感染力，那他写得这么好，有什么诀窍吗？

杨万里特别注意学习民歌的特点，汲取大量生动清新的口语和谚语并用在诗中，因而形成通俗浅近、自然活泼的语言特色。

他还潜心向前辈学习，但又不为其所限制，而是敢于创新，富于变化。既有“归千军、倒三峡、穿天心、透月窟”的雄健奔逸气势，也有“状物姿态，写人情意，则铺叙纤悉，曲尽其妙”的委曲细腻功力。

通过欣赏杨万里的诗，我们会发现有不少反映民间疾苦、抒发爱国情感的作品。诗人曾亲眼看到宋朝的大好河山沦丧于金国，目睹中原遗民深陷金人的残酷统治下，心里自然充满了国家破败的悲愤。这些作品或寄托家国之思，或呼吁抗金救国，或歌颂抗敌捐躯的将领，或讽刺卖国投敌的权臣，其中很多都是名篇。

杨万里一生勤于写作，相传写诗两万多首，现存四千多首。

可见，想写出好作品，除了要广泛学习，大量积累，用心感悟，还需要勤动笔。

初夏睡起

［宋］杨万里

梅子流酸溅齿牙，芭蕉分绿上窗纱。

日长睡起无情思，闲看儿童捉柳花。

背景

《闲居初夏午睡起二绝句》是诗人杨万里的组诗作品，应该作于诗人年老后退隐田园的15年间，一共两首，本诗是第一首，描写了诗人杨万里中午睡醒后看到的初夏景象。

注释

◎梅子：别称青梅，一种味道很酸的果实。◎溅齿牙：指梅子余酸还留在牙齿之间。◎芭蕉分绿：芭蕉的绿色映照在纱窗上。◎情思：情意，情感。◎柳花：柳絮。

赏析

诗人通过描写初夏的梅子流酸、芭蕉分绿以及儿童捉柳花等情景，给我们展示了一种闲适恬淡、童趣横生的生活实况。

“梅子流酸溅齿牙，芭蕉分绿上窗纱。”因为梅子的味道特别酸，人们吃了梅子后，总是觉得牙齿上很长时间都留有酸味，就好像这种酸味渗透到了牙齿里面。芭蕉分绿，“分绿”两个字用得很传神，原本芭蕉的绿色映照在纱窗上，就是一种自然现象，这里的“分”字，让人感觉是芭蕉特意把绿意分给窗户一样，顿生许多生机。

“日长睡起无情思，闲看儿童捉柳花。”写初夏时节，白日渐长人易乏，诗人午睡后，百无聊赖，闲看儿童追逐空中飘飞的柳絮。“闲”字写出了诗

［明］仇英绘《捉柳花图》

人悠闲自得、心情舒畅的生活状态。

诗人通过描写自己在夏日午后睡起的生活片段，表达了对乡村生活的喜爱。

诗词深处的故事

杨万里给自己读书的屋子取名为“诚斋”，那么他为什么钟爱这两个字呢?

这与南宋宰相、爱国名臣张浚有关。张浚曾把杨万里推荐给朝廷，对杨万里有知遇之恩。

杨万里中了进士后，也步入仕途。在他担任永州零陵县县丞时，张浚被贬到永州，一直闭门谢客。杨万里三次去拜访，都没有见到，就写了一封信极力请求见一面，张浚才答应了，还勉励他要以“正心诚意”作为言行的准则。

杨万里听在耳里，记在心上，终身遵循张浚的教导，并把自己读书的屋子取名为“诚斋”。

后来，杨万里在官场的所作所为也的确做到了一个“诚”字。他看到不公平的事情，就立刻指出来。他知道自己的这种做法容易得罪人，搞不好哪天得罪了上级领导，就把这个官丢了。所以他就预先准备好回老家的钱，并把这些钱锁到了箱子中，藏在卧室里，“日日若促装者”，这样随时可以直接离开。他还告诫家人不要置办家具，以免离任回老家的时候，行李太多，太累赘了。

为了坚持做到一个“诚”字，即便是好不容易得来的官职和富贵，杨万里仍然能做到随时准备丢弃，正如明代文学家解缙所评价的：“文章足以盖一世，清节足矣励万世。”

西江月·夜行黄沙道中

[宋] 辛弃疾

明月别枝惊鹊，清风半夜鸣蝉。稻花香里说丰年，听取蛙声一片。　　七八个星天外，两三点雨山前。旧时茅店社林边，路转溪桥忽见。

背景

宋孝宗淳熙八年（1181年），辛弃疾因受奸臣排挤，被罢官免职，回到家乡，居住在江西上饶一带。一次，他经过上饶黄沙岭，遇到了一场小雨，一时有感，写下了这首词。

[清] 石涛绘《花卉山水册页》之一

注释

◎西江月：词牌名。◎黄沙：黄沙岭，在今江西省上饶市的西面。◎别枝：横斜突兀的树枝。◎茅店：用茅草盖的小客舍。◎社林：土地庙附近的树林。◎见：同“现”。

赏析

这首词主要写了词人夏季夜行黄沙道中见到的山村风光和内心感受。

“明月别枝惊鹊，清风半夜鸣蝉。”词人就像一个摄影师，拍下了明月、乌鹊、清风、鸣蝉几个平常景物，然后将它们巧妙地组合起来，让明月惊了乌鹊，让清风送来鸣蝉，结果倒显得不平常了。因为乌鹊对光线很敏感，每逢日食、月落，或者月光很亮的时候，它们就会因受惊害怕而乱飞啼叫。这两句动中寓静，令人神往。

“稻花香里说丰年，听取蛙声一片。”描写了夏夜农村的热闹气氛和特有的景象。在漫村遍野的稻花香里，词人想象着群蛙在稻田里争说着丰年，欢乐的心情溢于言表。

“七八个星天外，两三点雨山前。”这两句点明夜已深，开始下雨了，“七八个”“两三点”说明星星很少，很稀疏，雨也很小，疏星、微雨与清幽的夜色相吻合，烘托出山村夜晚恬静的气氛。

“旧时茅店社林边，路转溪桥忽见。”笔锋一转，词人过了小桥，社林茅店便倏然可见。词人运用倒装的手法，表现出了骤然间的意外与惊喜，犹如“山重水复疑无路，柳暗花明又一村”之意，令人回味无穷。

诗词深处的故事

辛弃疾一生中最大的心愿就是恢复中原，他将满腔的爱国热情和对国家、民族命运的关切寄托于词作之中，是一位爱国词人。

他的祖父辛赞是一位由宋入金、被迫滞留在沦陷区的士大夫，为了保全家人，忍辱接受了金的官职，但耻辱感一直挥之不去，他经常提醒孙辈勿忘国耻，于是辛弃疾从小就将仇恨金人的种子深埋心里。

相传有一天，金人军官完颜千户耀武扬威地来到辛家，硬逼着辛赞用酒肉款待他。辛赞勉强摆了一桌酒席。骄横的完颜千户几杯酒下肚后，竟然当众侮辱敬酒的小童。

年少气盛的辛弃疾实在看不下去了，“嗖”地从墙上抽出一把宝剑，“噔、噔、噔”几步走到完颜千户面前，激昂地说：“趁诸位酒酣耳热，让我舞剑给大家开心助兴！”

说罢，辛弃疾就挥剑起舞，时而似燕子点水，时而似泰山压顶，最后只见剑光闪闪，不知人在何处。就在大家看得入神的时候，忽听辛弃疾猛喝一声：“看剑！”一个大鹏展翅，宝剑直指完颜千户的脑门。

“啊！”完颜千户吓得连人带椅仰倒在地。此时辛弃疾收剑做了个干净洒脱的收势，说了声“莽撞了！”便从容地站立在一旁。

奴仆们赶忙上前扶起惊魂未定的完颜千户，他尴尬地说：“舞得好，好厉害的英武少年！”

很可惜的是，长大后，一身本领的辛弃疾却命运多舛，壮志难酬，临终时还大喊着“杀贼！杀贼！”陆游对他的评价为：“大材小用古所叹，管仲萧何实流亚。”

［清］吴榖祥绘《竹篱茅舍图》（局部）

大 热

[宋] 戴复古

天地一大窑，阳炭烹六月。
万物此陶镕，人何怨炎热。
君看百谷秋，亦自暑中结。
田水沸如汤，背汗湿如泼。
农夫方夏耘，安坐吾敢食！

背景

炎热的六月，整个世界酷热难耐，诗人在这样的天气里，看到农夫们依然辛勤地劳作着，无限感慨，写下这首诗。

注释

◎阳炭：炽热的炭火。◎烹：烧煮。◎陶镕：陶铸熔炼。这里比喻培育、造就。◎夏耘：夏天锄田除草。

赏析

这首诗通过描写盛夏天气的炎热以及农夫在田间辛苦劳作的情景，表达了自己内心因不劳而食而产生的不安、惭愧和对农夫的赞美。

“天地一大窑，阳炭烹六月。”诗人开篇运用比喻营造了一种酷热难耐的氛围，并化用了两个典故，即《庄子·大宗师》中“以天地为大炉，以造化为大冶”和贾谊《鹏鸟赋》中“天地为炉兮，造化为工；阴阳为炭兮，万物为铜”。其中，“烹”字生动地展现出暑热犹如炭火的烹烧，给人以炎威灼人之感，用字精当。

［清］焦秉贞绘《耕织图》（局部）

“万物此陶镕，人何怨炎热。”万物就像被烧制的陶具，人又何必埋怨天气的炎热呢？这里强调了“炎热”之功，正是天地这座大窑，陶熔万物，才使万物得以生长。

“君看百谷秋，亦自暑中结。”表明暑热的煎熬，正是庄稼生长结实的重要条件。只有如此，到了秋天，才能收获成熟的百谷。

“田水沸如汤，背汗湿如泼。”炎炎夏日，田里浇灌庄稼的水就像沸腾了一样，而农夫更是因除草、耕田的艰苦劳作，整日汗流浃背。这两句更加深了我们对农夫辛苦劳作的理解。

“农夫方夏耘，安坐吾敢食！”农夫们不畏炎炎夏日，一直在烈日下辛勤地劳作，诗人看到这种情形，内心充满了惭愧和不安，也从侧面表达了对农夫的赞美。

诗词深处的故事

戴复古是南宋著名的江湖诗派诗人，曾跟从陆游学诗。他一生没有做过官，曾3次漫游，长达40年，为了诗和远方，浪迹江湖大半辈子。

那他为什么喜欢漫游呢？这主要来自原生家庭的影响。

戴复古的父亲戴敏才是个“以诗自适，不肯作举子业，终穷而不悔”的硬骨头诗人，意思是说他只喜欢吟诗作诗，宁可终生贫穷，也不愿意博取功名。他一生写了很多诗，但留下来的很少。临终时，他还对亲友说“我已病入膏肓了，不久将辞世，可惜儿子太小，我的诗将要失去传人。”可见他对诗真到了痴迷的程度。

或许正是父亲临终前的遗憾激发了戴复古，他不但继承了父亲为诗痴迷，宁愿布衣终身，也不谋功名利禄的遗愿，还以一生的云游成就了一番诗业。

更可贵的是，他耿介正直，不吹拍逢迎，而是以真诚广交诗友，切磋诗艺，终于以“专业诗人”的身份名声大振。

［清］陈枚绘《耕织图》(局部)

约 客

［宋］赵师秀

黄梅时节家家雨，青草池塘处处蛙。
有约不来过夜半，闲敲棋子落灯花。

背景

黄梅时节，在一个细雨连绵的夜晚，诗人约一位朋友来做客，可等到夜半，朋友也没有来，诗人一时有感写下了这首诗。

注释

◎约客：邀请朋友来做客。◎黄梅时节：五月，江南梅子熟的时候，大都是阴雨绵绵的天气，称为“梅雨季节”，所以称江南雨季为“黄梅时节”。◎处处蛙：到处是蛙声。◎灯花：旧时以油灯照明，灯芯燃尽后结成的花状物。

赏析

这是一首精妙小诗，描写了诗人在黄梅时节的一个夜晚，独自期待客人到来的情景。全诗情景交融，清新隽永。

“黄梅时节家家雨，青草池塘处处蛙。”梅子成熟变黄的时节，家家户户都被笼罩在连绵的阴雨中，一派静谧。说明此时正值梅雨季节，同时暗示了客人不能如约而至的原因。接着写长满青草的池塘边上，不时传来一阵一阵的蛙鸣声，静中有动，颇显生机。

“有约不来过夜半，闲敲棋子落灯花。”已经过了午夜时分，客人还是没有来，诗人便无聊地轻轻敲着棋子，结果震落了灯芯燃烧时结出的像花

[清] 费丹旭绘赵师秀《约客》诗意图

状的疙瘩。“闲”字表明诗人的百无聊赖，“敲”字又透露出诗人内心的烦躁，这两句诗非常细腻生动地展现了诗人孤寂落寞的心情。

诗词深处的故事

有人说，赵师秀的这首《约客》很出名，可他这个人并不太出名。

其实，赵师秀可是活跃在南宋诗坛的“永嘉四灵”之一，并且在“四灵”中声望地位最高。

那“永嘉四灵”都有谁呢？他们是南宋时期生长于浙江永嘉的4位诗人：徐照（字灵晖）、徐玑（字灵渊）、赵师秀（字灵秀）、翁卷（字灵舒）。因为他们都是永嘉学派叶适的学生，字中又都带有“灵”字，所以就被称为“永嘉四灵”。

而且，说到赵师秀的出身，也是大有来历，他是宋太祖赵匡胤的八世孙，是皇帝的后代。

不过这个出身并没有给他带来多大的好处，因为皇帝的儿孙太多了，传到八世，已经有点数不过来了，所以最终还得靠他自己努力。

且不说他付出了多少努力才考上进士。仅是创作中，在炼句、炼字上，赵师秀是出了名的下狠功夫的。他自称：“一篇幸止有四十字，更增一字，吾末如之何矣！”意思是说要求自己全诗的字数坚决不超过40字。

我们通常一说到唐朝，就会想到唐诗；一说到宋朝，就会想到宋词。“永嘉四灵”能在宋词的海洋里，写出流传千古的诗篇，的确是太难得了。

所以，在此应该给他们一些掌声。

赤日炎炎似火烧

［元末明初］施耐庵

赤日炎炎似火烧，野田禾稻半枯焦。

农夫心内如汤煮，公子王孙把扇摇。

背景

这首诗是小说《水浒传》第十六回《杨志押送金银担，吴用智取生辰纲》中，杨志押送生辰纲走到黄泥冈时，白日鼠白胜扮作挑酒桶的汉子所吟唱的诗作。生辰纲就是指成批运送的生日礼物。

注释

◎赤日：红日，烈日。◎枯焦：植物因久旱不雨而干枯。

赏析

这首诗描写了炎炎夏日所见之景。

“赤日炎炎似火烧，野田禾稻半枯焦。”炎炎夏日里，烈日当空就像烈火在炙烤大地，田野里的水稻都被晒得干枯了。说明正值大旱之年，整个大地都笼罩在炎热的天气里，押送生辰纲的人，也都面临着酷热天气的极大挑战。

“农夫心内如汤煮，公子王孙把扇摇。”炎热的天气里，农民们望着田里即将枯死的禾苗，心里急得就像汤煮一样，而那些公子王孙们不必承担劳作之苦，却可以悠闲地摇着扇子纳凉。这里通过描写农民和公子王孙们这两个不同阶级的表现，暗示着宋朝阶级矛盾正在日益激化。

［清］焦秉贞绘《耕织图》之《耘图》

诗词深处的故事

施耐庵的原名叫彦端，那后来为什么改名叫施耐庵了呢？

据说有一天，他写到《水浒传》中“石秀智杀裴如海”中的头陀敲木鱼这一段时，突然想到东林庵珍藏的木鱼木槌，心里不禁有些疑惑，就跑去问庵里的住持：“你这庵里的木鱼木槌，为何像宝贝一样珍藏呢？”

住持说：“这庵里原来住着一位老和尚，他整天一边念经一边敲木鱼，特别用心。”然后指着木鱼上被敲打出的凹陷处说，“这是想让后人懂得，读书和做学问就是要专心致志啊。”

施耐庵听了连忙点头说：“我们写书，也要有那种锲而不舍的精神才行啊！”回家后，他就提笔写了“耐庵”两个字，贴在门楣上，意思是告诫自己要排除一切困难，写好《水浒传》。

外人虽然不知道他的真实用意，还是把他称为“耐庵先生”。时间长了，他也觉得这个名字不错，就改名为“施耐庵”。

［清］焦秉贞绘《耕织图》（局部）

所　见

［清］袁枚

牧童骑黄牛，歌声振林樾。

意欲捕鸣蝉，忽然闭口立。

背景

袁枚辞官隐居后，居住在南京小仓山的随园。一天外出时，他看到一个骑着黄牛的牧童，高兴地唱着歌，继而又去捕捉鸣蝉，诗兴大发，写下了这首诗。

注释

◎振：振荡，回荡。◎林樾：指道旁成荫的树林。◎欲：想要，需要。

赏析

这是一首五言绝句，诗人通过描绘一个小牧童充满童趣的生活画面，表达了对田园风光的喜爱之情。

“牧童骑黄牛，歌声振林樾。”一个牧童骑着黄牛迎面而来，他嘹亮的歌声响彻林间。“骑”字交代了牧童的动作行为，“振”字表明牧童的心情非常快乐。这两句为我们描绘了一个活泼可爱、悠闲自在的小牧童形象。

“意欲捕鸣蝉，忽然闭口立。”牧童一边骑着黄牛，一边唱歌，忽然，他看到树上鸣叫的蝉，就想捕捉它，却又担心自己的歌声把蝉吓跑，便立刻闭口不唱了。“忽然”写出了牧童的机敏，也令前面热闹的场景突然静了下来。这两句描绘出了牧童天真可爱的一系列行为，令整首诗充满了童趣，而这也是诗人所看中和追求的境界，表现了诗人的“真性情”。

诗词深处的故事

袁枚是一个特别有趣的人。

他不仅擅长吟诗作文，也精通美食烹饪；他不但是个赫赫有名的园艺家，还是一个热爱生活的旅行家。

袁枚喜欢吃豆腐，竟然肯为豆腐三折腰。这是怎么回事呢？

据说有一次，朋友请他吃豆腐，这道菜是用豆腐和芙蓉花一起烹煮的。袁枚吃后立刻为这洁白细腻、清嫩鲜美、口齿留香的美食倾倒。于是，他向朋友请教怎么做，朋友不肯告诉他秘方，还笑着说：“古人不为五斗米折腰，你若肯为豆腐三折腰，我就告诉你。”

谁料袁枚马上离席鞠躬，然后大笑着说：“我今为豆腐折腰矣！”于是，朋友就告诉了他。从此，豆腐也被列为佳肴了。

袁枚的园艺才能，体现在他打造的随园上。在江宁县当官时，他在小苍山下买了一个随园。这本来是一个荒废很久的园子，可经过他的精心改造后，就变成了一个充满诗情画意的园子，有诗这么形容：“屋小不遮山，池多不妨荷。游鱼长一尺，白日跳清波。”

更为可贵的是，袁枚把随园的围墙都推倒了，还写了一副对联说：“放鹤去寻三岛客，任人来看四时花。”便将这园子对外开放了。

袁枚年轻的时候，很喜欢游山玩水，但他觉得“父母在，不远游”，所以一直到他67岁，父母都去世了，他也服完丧了，才开始尽情游历山山水水，且这一游，就游到了81岁。当时有人称赞他“八十精神胜少年，登山足健踏云烟”。

袁枚喜欢读书，一生藏书达40万册，年老时又把大部分捐了出去，还有一部分送给了亲朋好友中爱读书的人，并说：“天下宁有不散之物乎？要使散得其所耳。”

对于我们来说，最应该学习袁枚的地方就是他“平生观书，必摘录之”，他曾说：“读书不手记，一过无分毫，得句忽然忘，逐之如追逃。”这正说明了读书做笔记的重要性。

秋

秋季是万物成熟的季节。

秋季有立秋、处暑、白露、秋分、寒露、霜降6个节气。

立秋是秋季的开始，表明天气开始由热转凉。“秋”字是由禾与火组成，表示禾谷将要成熟。立秋分为一候凉风至，二候白露生，三候寒蝉鸣。正如许浑在《早秋》中所说：“遥夜泛清瑟，西风生翠萝。残萤栖玉露，早雁拂金河。”

处暑，即为“出暑”，标志着炎热即将过去，暑气逐渐消退，分为一候鹰乃祭鸟，二候天地始肃，三候禾乃登。处暑的民俗活动有很多，比如放河灯、煎药茶、拜土地公等。

白露节气后，天气转凉，昼夜温差变大，清晨的地面和叶子上会凝结很多露珠。古人以四时配五行，秋属金，金色白，所以用白色形容秋露。白露分为一候鸿雁来，二候玄鸟归，三候群鸟养羞。白露前后是茶树生长的最好时期，所以民间有“春茶苦，夏茶涩，要喝茶，秋白露”的说法。

秋分意味着昼夜均分，全球各地昼夜等长。古时有“春祭日，秋祭月”的民俗活动，秋分曾是传统的“祭月节”，我们现在的中秋节就是由秋天祭拜月神演变而来的。秋分分为一候雷始收声，二候蛰虫坯户，三候水始涸。

寒露时节，气温骤降，寒气渐生，昼夜温差较大。南方秋意渐浓，北方大部分地区已进入深秋，或者即将进入冬季。寒露分为一候鸿雁来宾，二候雀入大水为蛤，三候菊有黄华。这个时节有“寒露不摘棉，霜打莫怨天”的说法，意思是说寒露过后，要抓紧采收棉花，如果收棉不及时，等到降霜的时候，成熟的棉花遭了霜，就会造成棉花减产。

霜降是秋季的最后一个节气，是秋季到冬季的过渡。霜降表示气温突降、昼夜温差大。霜降分为一候豺乃祭兽，二候草木黄落，三候蛰虫咸俯。霜降节气有吃柿子、赏菊、登高远眺、进补等习俗。

［清］萧云从绘《秋山图》（局部）

野　望

［唐］王绩

东皋薄暮望，徙倚欲何依。
树树皆秋色，山山唯落晖。
牧人驱犊返，猎马带禽归。
相顾无相识，长歌怀采薇。

背景

唐武德中期，王绩受诏以秘书省正字待诏门下省，不久辞官还乡。贞观初年，王绩出任太乐丞，后以生病为由，隐居东皋。这首诗应当作于诗人辞官隐居之后。

注释

◎东皋（gāo）：地名，今属山西万荣。作者弃官后隐居于此。皋，水边向阳的高地。◎薄暮：傍晚。◎徙倚（xǐ yǐ）：徘徊，彷徨。◎犊（dú）：小牛。这里指牛群。◎禽：泛指猎获的鸟兽。◎采薇：采食野菜。据《史记·伯夷列传》，商末孤竹君之子伯夷、叔齐在商亡之后，“不食周粟，隐于首阳山，采薇而食之”。后遂以“采薇”比喻隐居不仕。

赏析

这首诗描写了诗人隐居之地的秋景，抒发了诗人内心的彷徨和苦闷之情。

“东皋薄暮望，徙倚欲何依。”首联寓情于景，奠定了全诗的情感基调。傍晚时分，在一片苍茫的暮色里，诗人登上了东皋。放眼远眺，满怀惆怅，不知自己将何去何从。“徙倚”“欲何依”表明了作者因现实的不如意而心无

[近代] 马骀绘王绩《野望》诗意图

所依的状态。

“树树皆秋色，山山唯落晖。”颔联描写秋日山林的静景。每棵树都染上了浓浓的秋色，每座山都洒满了夕阳的余晖。诗人通过描写秋天山林的景色，渲染暮秋时分萧瑟荒凉的氛围，好似展开了一幅阔大的秋日风景图。

“牧人驱犊返，猎马带禽归。”颈联描写傍晚时人们归来的动态场景。在傍晚的静谧氛围中，牧人驱赶着牛羊返回了家园，猎人们带着猎物满载而归。这两句描写静中有动，使整个画面有了勃勃生机。

“相顾无相识，长歌怀采薇。”尾联直抒胸臆。诗人从美好热闹的场景中回过神来，孤独、苦闷的心绪更为浓重，因此，只好追怀古代的隐士，想象着和伯夷、叔齐那样的人交朋友了。“采薇”二字，抒发了诗人隐逸山林之志。

诗词深处的故事

王绩特别喜欢喝酒，喜欢到什么程度呢？为了喝酒，宁可把官职丢了。为此，人们都嘲笑他，王绩就讲了一个风趣的故事：

有个叫无心子的人，旅居越国，越王不知道他是个品德高尚的人，就勉强他做官，他满脸不高兴。不久，无心子就因为行为不正而出名了，越王就罢了他的官职。

之后，无心子就去了茫茫的原野，经过动城时见到一个叫机士的人。机士拍着大腿说：“您这样有贤德的人因为获罪被罢免了吗？”

无心子回答说：“您听说过蛮螊氏的马吗？他的马，有一匹颈上的毛是红色的，身上的毛是白色的，奔跑起来像跳舞，终因又累又热而死；有一匹头沉重地向下垂，尾巴高高地向上扬，会踢会咬又会尥蹶子，被丢弃在野外，反而一年到头都是膘肥体壮。那凤凰并不嫌环境险恶而栖息在山里，蛟龙也不因盘曲在泥中而感到羞辱，君子不拘泥于洁行而招来祸患，圣人不回避污秽而善养精神啊。”

这里的无心子就是王绩自己，可见，王绩的选择是有一定道理的。毕竟每个人都有选择自己走什么路的权利，旁人如果总是按照自己的想法去评判别人，很多时候不见得就是对的。

在狱咏蝉

［唐］骆宾王

西陆蝉声唱，南冠客思深。
不堪玄鬓影，来对白头吟。
露重飞难进，风多响易沉。
无人信高洁，谁为表予心？

背景

这首诗作于唐高宗仪凤三年（678年）。当时骆宾王刚升任侍御史，因上疏论事触怒武则天，遭到诬陷，以“贪赃”与“触忤武后”的罪名收监下狱。此诗是骆宾王在狱中所作。

注释

◎西陆：指秋天。《隋书 · 天文志》：“行东陆谓之春，行南陆谓之夏，行西陆谓之秋，行北陆谓之冬。”◎南冠：这里指囚徒。《左传 · 成公九年》：“晋侯观于军府，见钟仪。问之曰：‘南冠而絷者，谁也？’有司对曰：‘郑人所献楚囚也。’”◎玄鬓：指蝉。古代妇女梳鬓发如蝉翼状，称为蝉鬓，也叫玄鬓。◎白头吟：乐府曲名。◎露重：秋露浓重。◎高洁：清高洁白。古人认为蝉栖高饮露，是高洁之物。这里是诗人以蝉自喻。

赏析

这是一首咏物诗，抒发了诗人蒙冤入狱的哀伤和希望能沉冤昭雪的愿望。

“西陆蝉声唱，南冠客思深。”首联以秋蝉高唱来抒发诗人对家园的思念。秋天的到来意味着蝉鸣将逐渐消失，时断时续的蝉鸣声，幽咽、凄楚，激起了处于牢狱之中的诗人的无限悲凉。

“不堪玄鬓影，来对白头吟。”诗人看到秋蝉还是乌黑的颜色，而自己却是两鬓斑白，不禁伤感。自己的年华和岁月，就在这不公和痛苦中逝去，怎能不感到哀伤？

“露重飞难进，风多响易沉。”颈联看似咏蝉，实则咏人。秋季露水凝重，打湿了蝉的翅膀，使它难以飞行；秋风频吹，使蝉的声音传不到远方。“露重”“风多”代指外部环境的恶劣，这里以蝉的困境比喻自己仕途曲折，言论及人身自由上也受到压制。

“无人信高洁，谁为表予心？”尾联以蝉言志，没人相信我的高洁品性，又能指望谁替我平反昭雪呢？这声哀叹，仿佛是对苍天的呼吁，又像是控诉奸臣，诗人的愤懑于此倾泻而出。

诗词深处的故事

骆宾王7岁能诗，号称“神童”。他也是“初唐四杰”之一，其他三人为王勃、杨炯、卢照邻。

在“初唐四杰”中，就数骆宾王的诗作最多，他是初唐时期很有影响力的一位诗人。

骆宾王的字为观光。当他出生的时候，望子成龙的父亲就在《周易》中找出一句话“观国之光，利用宾于王”，从中受到启发，于是取“观光”作为骆宾王的字，意在希望儿子能够观仰国家的光辉景象，能以宾客的身份入朝辅佐君王。

后来骆宾王的父亲去京城工作了，骆宾王由母亲和爷爷抚养教育。

一天，骆宾王家里来了一位客人，7岁的骆宾王领着客人路过池塘。客人见骆宾王非常机灵、聪慧，就想考一考这个小孩，便指着池中的白鹅让他作一首诗。

谁料骆宾王略微思索了一会儿，就脱口而出：“鹅，鹅，鹅，曲项向天歌。白毛浮绿水，红掌拨清波。”

客人惊讶不已，直夸他作得好。

这首《咏鹅》后来成了千古名诗，可见骆宾王小时候就很有才华。

汾上惊秋

［唐］苏颋

北风吹白云，万里渡河汾。

心绪逢摇落，秋声不可闻。

背景

唐开元十一年（723年）二月，唐玄宗到汾阴祭祀后土，诗人随行陪同。这年冬天，苏颋（tǐng）被外调为益州大都督长史，两年后又调回长安。外放的两年，是苏颋仕途生涯中最为失意的时候，此诗应该作于这个时期。

注释

◎汾（fén）上：指汾阴县（今山西万荣南）。汾，指汾水，为黄河第二大支流。◎河汾：指汾水流入黄河的一段。◎摇落：指树叶凋零、凋落。

赏析

这首诗寓情于景，表现了诗人纷乱的愁绪和复杂的心情。

“北风吹白云，万里渡河汾。”凛凛北风吹卷着漂浮的白云，诗人正要渡过汾河到万里之外的地方。这两句与汉武帝《秋风辞》中的“秋风起兮白云飞”“泛楼船兮济汾河”极其相似，暗示当年汉武帝曾到汾阴祭祀后土，如今的唐玄宗也在效仿汉武帝的作为。而诗人此时因出京放任外省，就像一朵白云一样被一阵北风吹远了。这两句寓情于景，诗人在对国家命运的惦念中，交织着个人的失意，故而百感交集。

“心绪逢摇落，秋声不可闻。”诗人心绪惆怅，却又遭逢草木凋零的时节，都不愿听到萧瑟的秋风了。“摇落”借用《秋风辞》中“草木黄落兮雁南归”的意思，暗喻自己晚年失意的境况。“不可闻”则说明秋声会加重诗人内心的烦乱，使诗人的心情更加悲伤。

诗词深处的故事

苏颋小时候，就是现在人们口中的“别人家的孩子”，他不但聪明过人，还能一目十行，过目不忘。后来他考中进士，官至宰相。成语“思如泉涌”说的就是他。

唐隆政变爆发后，皇帝让苏颋负责草拟诏书。他为了节省时间，提高速度，就建议自己在说的同时，让书吏一同记载。按说，即便口述也该有些斟酌的时间，谁知苏颋文才很好，口述诏书语速很快。

结果，书吏多次对他说：“请您口述得稍慢一些，我们记不过来，恐怕会把手腕累坏。”

在场的宰相李峤感叹地说：“苏舍人思如泉涌，我比不上啊。”

苏颋很厉害吧？不过，就是这样一个厉害的才子，却又很谦虚。

苏颋和宋璟是一同被提拔为宰相的，每当皇帝让他们二人发表观点时，苏颋总是先让宋璟提出意见。而对于宋璟的意见，他也会尽力协助。

宋璟曾对别人夸赞道：“我与苏氏父子，前后同时为相，苏颋的父亲是宽厚的长者，乃是国器。然而在对朝政提出建议以及处理政务的精敏程度方面，苏颋胜过他的父亲。”

佚名绘《秋山亭子图》(局部)

山居秋暝

［唐］王维

空山新雨后，天气晚来秋。

明月松间照，清泉石上流。

竹喧归浣女，莲动下渔舟。

随意春芳歇，王孙自可留。

背景

这首诗是王维隐居终南山下辋川别墅时所作，描绘了秋雨初晴后傍晚时分山村的优美景色。

注释

◎暝：日落时分，天色将晚。◎空山：空寂的山野。◎喧：声音杂乱，喧哗，这里指竹叶发出的沙沙声响。◎浣女：洗衣服的女子。◎春芳：春天的花草。◎歇：尽。◎王孙：原指贵族子弟，此处指诗人自己。

赏析

这首诗描绘了雨后傍晚时分的山村景象，抒发了诗人对自然之美的喜爱和对理想境界的追求。

“空山新雨后，天气晚来秋。”空旷的山中刚下过一场雨，空气格外的清新怡人。傍晚时分，又多了一些清凉，使人感受到这已经是初秋了。“空山”一方面说明山中树木繁茂，掩盖了人们活动的痕迹；另一方面点出这里如世外桃源，景色优美，人迹罕至。

“明月松间照，清泉石上流。”一轮明月挂在天空，明月的清辉洒在松隙间，一股清泉在山石上淙淙地流淌。这两句动静相宜，妙趣横生，生动

［清］王玖绘王维《山居秋暝》诗意图

地表现了山间的自然美。

“竹喧归浣女，莲动下渔舟。”这两句由前面的写景转向写人们的活动。诗人先描写竹林中的“喧声”和水面上摇动的莲花，再写发现浣女、渔舟。这样写更具有真情实感，为我们展现了一个简单、淳朴、无忧无虑的山居生活图景，富有诗意。

“随意春芳歇，王孙自可留。”最后两句好似诗人内心的呐喊，任凭春日的繁华落尽，想隐居的王孙尽管留在这里吧。表明了诗人觉得“山中”比“朝中”好，闲适自在，恬淡质朴，可以洁身自好，所以就决然归隐了。

这首诗中，诗人借山水言志，含蕴丰富，细腻而感人。

诗词深处的故事

王维是唐代的大诗人，有“诗佛”之称。他不但诗写得好，还精通音律，善绘画，深得王公贵族的欣赏。

王维早年有儒家治世的抱负，中年有道家的隐逸风采，晚年得佛家之精髓，正应了古代传统士大夫“入于儒，出于道，逃于佛”的人生路线。

王维的诗中多含有“空”字，如“空山不见人，但闻人语响”“人闲桂花落，夜静春山空”“兴来每独往，胜事空自知”“积雨空林烟火迟，蒸藜炊黍饷东菑”等。王维为什么这么喜欢“空”字呢？

要知道，佛家讲究“色即是空，空即是色”。色，指表面现象；空，是内在本质。两者从本源上说是一体的，因为一切外在都是从“空”中产生出来的。当外在回归到空的本源时，就成佛了。

“空”是佛教的一个重要概念，也是参禅悟道之人追求的最高境界，而王维的诗清逸、娴雅，充满禅意，多带有一种空灵之美，故将他称作“诗佛”。

秋登宣城谢朓北楼

［唐］李白

江城如画里，山晚望晴空。
两水夹明镜，双桥落彩虹。
人烟寒橘柚，秋色老梧桐。
谁念北楼上，临风怀谢公。

背景

天宝十三年（754年）中秋节后，李白从金陵再次来到宣城。此时的诗人，因为受长安权贵们的排挤，被赐金放还，过着四处漂泊的生活。一天傍晚，他登上了谢公楼，凭高俯瞰，缅怀谢公，写下了这首诗。

注释

◎宣城：唐宣州，天宝元年（742年）改为宣城郡，今属安徽。◎谢朓北楼：又名谢公楼，是南齐诗人谢朓任宣城太守时所建，在今安徽省宣城市陵阳山顶。◎江城：泛指水边的城，这里指宣城。唐代江南地区的方言，将水泛称为“江”。◎山：指陵阳山，在宣城。◎两水：指宛溪和句溪。宛溪上有凤凰桥，句溪上有济川桥。◎彩虹：指桥在水中的倒影。

赏析

这首诗写了李白登上谢朓楼的所见所思，抒发了他内心的苦闷和彷徨。

“江城如画里，山晚望晴空。”一、二句写依山傍水的宣城美得就像画一样，傍晚时分，李白登上谢朓楼，放眼望去，晴空万里，明净怡人。这两句总领全篇，仿佛给我们展开了一幅画卷，将我们带入诗的意境中。

“两水夹明镜，双桥落彩虹。”“两水”指宛溪和句溪，它们绕城合流，所以诗人用了“夹”字。“双桥”就是凤凰桥和济川桥，一上一下，横架在溪水上。它们的倒影映在水面，远远望去，就像是天上的两道彩虹落入明镜中。“落”字用得很妙，瞬间把天和地连接在一起。

“人烟寒橘柚，秋色老梧桐。”袅袅炊烟从山冈一带的丛林人家升起，橘树柚林也被掩映其中，秋色苍茫，梧桐也显得衰老了，呈现出一片苍凉。诗人用凝练的语言，形象地描绘出了深秋特有的景色，充满诗意。

“谁念北楼上，临风怀谢公。”诗人感慨除了自己，今天还有谁喜欢登临谢朓楼，迎着萧瑟的秋风怀念谢公呢？谢朓出身名门贵族，“少好学，有美名，文章清丽”，官场几经沉浮之后，还是遭受诬陷，下狱而死。诗人此时联想到自己遭受官场排挤的前尘往事，感同身受，便愈加愁闷和迷茫了。

诗词深处的故事

李白是很多人的偶像，那作为超级巨星的他会不会有偶像呢？有的，他也是追星一族。李白有3个偶像，而且这3个人有个共同点：他们都姓“谢”。

“安石在东山，无心济天下。一起振横流，功成复潇洒。”这是李白赞美第一位偶像的诗歌，诗歌中的主角豁达潇洒，令人赞叹。不过这位安石先生可不是王安石宰相，他的名字叫谢安，是东晋的名士、政治家。他多才多艺，善行书，通音乐，而且处事公允明断。在淝水之战中，谢安作为总指挥，以8万兵力打败了号称百万的前秦军队，为东晋赢得了数十年的和平安定。

“脚著谢公屐，身登青云梯”“谢公宿处今尚在，渌水荡漾清猿啼”，这几句诗中的这位“谢公”就是李白的第二位偶像——谢灵运。他是南北朝时期的诗人、佛学家及旅行家。他精通史学，擅书法，还翻译过外来佛经。晋宋时期盛行山水诗，首枚勋章应该颁发给谢灵运，这是由于他在山水诗的创作上下了狠功夫，是开启了一代新诗风的首创者。

第三位偶像就是我们今天这首诗中的谢公——谢朓，他是南齐诗人，与“大谢”谢灵运同族，世称“小谢”。

枫桥夜泊

［唐］张继

月落乌啼霜满天，江枫渔火对愁眠。

姑苏城外寒山寺，夜半钟声到客船。

背景

张继考上进士仅仅两年，便爆发了安史之乱，当时很多文人逃到政局比较安定的江南一带避乱，张继就是其中的一员。一个秋天的夜晚，他泊舟苏州城外的枫桥边，江南特有的秋夜美景触动了诗人的心，于是写下了这首小诗。

注释

◎枫桥：在今江苏省苏州市寒山寺附近。◎乌啼：乌鸦的叫声，一说指乌啼镇。◎江枫：江边的枫树，一说指江村桥和枫桥。◎渔火：渔船上的灯火。◎姑苏：苏州的别称，因城西南有姑苏山而得名。◎寒山寺：枫桥附近的一座寺庙，相传唐代僧人寒山曾住于此。

赏析

这是一首羁旅诗。全诗围绕“愁”字展开，描写了诗人张继对江南深秋夜景的观察和感受，表现了诗人的羁旅之思和家国之忧。

“月落乌啼霜满天，江枫渔火对愁眠。”前两句写秋天的夜晚，月亮已经落下，乌鸦啼叫，寒气满天。面对江边的枫树和渔火，诗人因忧愁而难以入睡。“月落”是所见，“乌啼”是所闻，“霜满天”说明天气寒冷，是所感。诗人将这些携带着凄凉之感的景象，一并纳入水乡秋夜清冷而幽静的氛围里。“渔火”和“江枫”动静相衬，明暗相映，搅动着诗人的满怀愁思。这

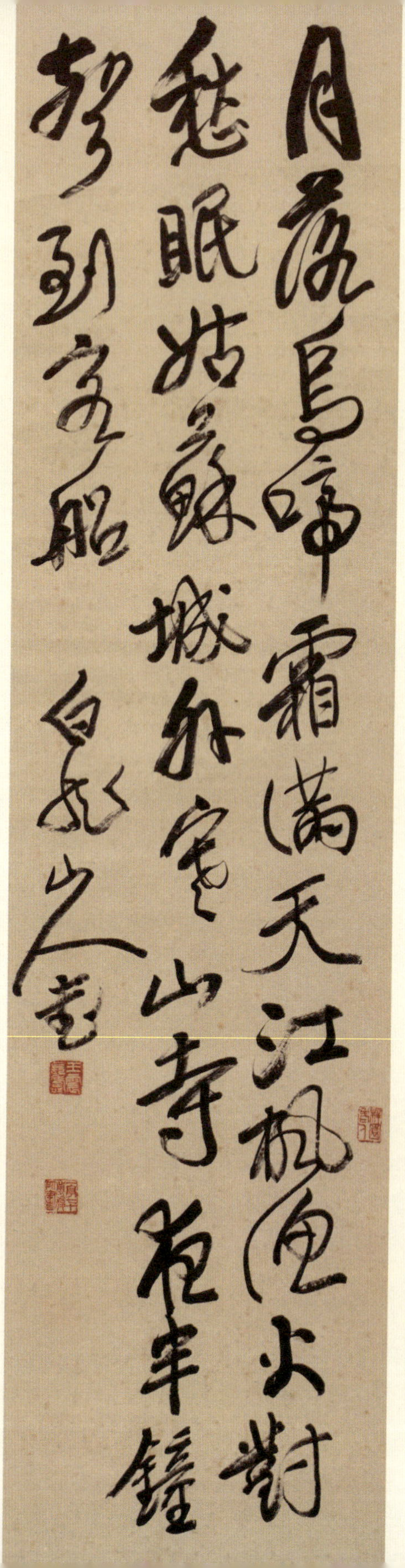

［清］王震行书张继诗《枫桥夜泊》

一切，愈加突出了一种浓郁的落寞之感。

“姑苏城外寒山寺，夜半钟声到客船。”后两句写姑苏城外的寒山寺，在半夜里响起了钟声，一直飘到诗人的泊船这里。“夜半钟声”表现了夜的静谧和寂寥，于一片静谧中，这悠扬庄严的钟声仿佛倾诉着诗人内心的忧愁，极具韵味。

诗词深处的故事

张继的这首《枫桥夜泊》收获了很多粉丝，其中还有一位皇帝，对这首诗简直是爱到了极致。

这位皇帝就是唐朝的唐武宗。在他去世前的一个月，就命令京城第一石匠精心刻制了一块《枫桥夜泊》的诗碑，说他死后，一定要将此碑一同带走。

果真，在唐武宗去世后，这块碑就跟着他下葬了。

唐武宗甚至还在临死前颁布遗旨说：“《枫桥夜泊》诗碑只有朕可勒石赏析，后人不可与朕齐福，若有乱臣贼子擅刻诗碑，必遭天谴，万劫不复！”

据说日本侵华期间，他们的天皇对寒山寺的《枫桥夜泊》诗碑垂涎三尺，想夺走它，后来听说唐武宗的这个诅咒，并了解到真有人因为刻制这个诗碑而丧了命，就放弃了这个念头。

可见，这首诗的魅力是多么大。

秋 思

［唐］张籍

洛阳城里见秋风，欲作家书意万重。

复恐匆匆说不尽，行人临发又开封。

背景

张籍曾在洛阳担任水部员外郎，时值秋季，满眼秋色触动了诗人身在他乡的孤寂漂泊之感，同时也激发了诗人的思乡之情，于是创作了这首诗。

注释

◎意万重：形容思绪万千。◎行人：指送信的人。◎开封：把封好的信拆开。

赏析

这首诗描写了诗人面对秋景写家书时的思想活动和动作细节，表现了诗人对家乡和亲人的思念之情。

“洛阳城里见秋风，欲作家书意万重。”萧瑟的秋风吹到了洛阳城里，身居他乡的诗人见到秋天的凄凉摇落之景，一时间百感交集，想起了远方的家乡和亲人，便决定写一封家信给他们。自古有“伤秋”之说，每逢秋来，黄叶摇落，百卉凋零，总给人一种残败凄凉之感。这种景象对于一个身处异乡的人来说，更是会触动无限的孤寂之意，这种失意，唯有亲人可以给予慰藉。

“复恐匆匆说不尽，行人临发又开封。”诗人写好了信，交给了送信的人，可又担心想说的话没有都写上，赶忙找送信的人拿回来，打开信封再次检阅一遍。“复恐”二字道出了诗人对亲人思念极深，只有特别在意，才会担心由于匆忙而遗漏掉重要的内容。这里通过简单的动作细节，彰显了诗人对家书的重视和对亲人的深切思念。

诗词深处的故事

张籍是中唐时期的杰出诗人，但他又是“诗圣”杜甫的超级粉丝，对杜甫的诗迷恋到了将近疯狂的地步。

张籍会把杜甫的诗歌写在纸上，然后放进火中烧掉，再把烧出的纸灰拌上蜂蜜，每天早上都要吃上三勺。

有一天，张籍的一位朋友来家中做客，正好看到张籍在吃纸灰，惊讶极了，以为张籍精神出了问题。谁知张籍哈哈大笑，说自己在吃杜甫的诗。

朋友自然还是一头雾水，赶忙询问原因，张籍说：“吃了杜甫的诗，或许就可以像杜甫一样写出被后世广为流传的好诗了。”

这位朋友尽管还是不太理解，但看着张籍大笑的样子，也大笑起来。

可见，张籍真的是太喜欢杜甫的诗了。不过这种吃纸灰的做法，可不能效仿。

［明］项圣谟绘《山水册页》之一

秋　词

［唐］刘禹锡

自古逢秋悲寂寥，我言秋日胜春朝。
晴空一鹤排云上，便引诗情到碧霄。

背景

这首诗是刘禹锡被贬到朗州时所作。对于秋天，诗人的感受与众不同，他一反过去文人悲秋的心境，而是赞颂了秋天的美好，表达了他在逆境中奋发进取的豪情和豁达乐观的情怀。

注释

◎寂寥：冷清萧条。◎春朝：春天的早晨，亦泛指春天。◎排云：推开云层。◎碧霄：指青天、天空。

赏析

“自古逢秋悲寂寥，我言秋日胜春朝。”诗人以议论起笔，指出自古以来人们多因萧瑟、凋敝的秋景而伤感，而诗人认为秋天比那万物萌生、欣欣向荣的春天更胜过一筹。古人在描述秋天时多为伤感基调，如《楚辞·九辩》中：“悲哉，秋之为气也！萧瑟兮草木摇落而变衰。”杜甫的《登高》中：“万里悲秋常作客，百年多病独登台。”尽管诗人此时也遭逢了人生的低谷，却他并没有因此沉沦，受外物影响，而是以积极乐观的态度面对，展现了诗人豁达乐观的心态。

“晴空一鹤排云上，便引诗情到碧霄。”秋高气爽的日子，万里晴空，一只白鹤凌空而起，直冲云霄。这一句很有冲击力，诗人以“鹤”自喻，极富艺术魅力，直上云霄的白鹤激发了诗人的诗情，也一并飞向了万里晴空。这两句融情于景，暗示了诗人逆势而上的凌云之志，传达了一种昂扬向上的精神。

诗词深处的故事

刘禹锡是唐代的文学家，有“诗豪”之称。

白居易曾说：“彭城刘梦得，诗豪者也，其锋森然，少敢当者。”意思是说：彭城人刘禹锡，是诗人中的豪杰，他的诗锋芒突出，很少有人能与他媲美。

刘禹锡这种诗风是怎么形成的呢？这与他的成长经历有关，也与他的性格有关。

刘禹锡从小习读儒家经典，年少时还跟随父亲拜访江南名僧，作诗颇得诗僧皎然和灵澈的熏陶与指点。后来他又深受道教影响，并将哲学思想和道家思想相融合。刘禹锡认为写诗应该“片言可以明百意，坐驰可以役万景”，就是说力求用很少的字阐明更丰富的意思，足不出户也能写出广袤的景象。

他还认为“能离欲则方寸地虚，虚而万景入；入必有所泄，乃形于词。因定而得境，故翛然以清；由慧而遣词，故粹然以丽”。可见，虚可纳万景，有舍才有得，定能排除杂念，慧则易生灵感，这样写出来的诗，自然会有更丰富的内涵，有更深的意境。

刘禹锡的性格很刚毅、倔强，有股子豪猛之气。在被贬的日子里，即便心情很苦闷，也不会真的绝望，反而像个斗士般愈挫愈勇。在遭受一次又一次的打击后，他的锐气丝毫不减，反而激起更强烈的反抗，所以他的诗中总有一种振衰起废、催人向上的力量。

望洞庭

［唐］刘禹锡

湖光秋月两相和，潭面无风镜未磨。

遥望洞庭山水翠，白银盘里一青螺。

背景

唐穆宗长庆四年（824年）秋，刘禹锡被任命为和州刺史，上任途中经过洞庭湖，写下了这首诗。

注释

◎洞庭：即洞庭湖，位于今湖南省北部。◎和：和谐。这里指洞庭湖水色与月光交相辉映。◎青螺：青绿色的螺。螺的壳形呈椭圆形，这里用来形容洞庭湖中的君山。

赏析

这首诗描写了秋夜月光下诗人遥望洞庭湖所看到的优美景色，表达了诗人对洞庭湖美丽风光的喜爱。全诗想象丰富，富有浪漫色彩。

“湖光秋月两相和，潭面无风镜未磨。”前两句描写了湖水和月光交相辉映，平静阔大的湖面仿佛是一面未经磨拭的铜镜。“和”字营造出水天一色、宁静和谐的画面。“镜未磨”形象地表现出洞庭湖面的风平浪静，在月光下呈现出一种朦胧美。

“遥望洞庭山水翠，白银盘里一青螺。”从远处望去，洞庭湖中的君山在月光下愈发显得青翠，在平静广阔的洞庭湖中，就像是银盘里放置了一颗小巧玲珑的青螺，既惹人喜爱，又给人艺术的享受，表现了诗人丰富的想象力和高卓清奇的情致。

［近代］柳芬绘《洞庭秋月》图

诗词深处的故事

君山是洞庭湖中的一个小岛，在古代又称为洞庭山、湘山，这里风景秀丽，如同神仙洞府。

相传远古时代，洞庭湖中并没有岛。每当狂风大作、巨浪滔天之时，来往船只无处停靠，常被恶浪吞没，当地百姓苦不堪言。这事引起了水下72位螺姑娘的同情，她们忍痛脱下身上的螺壳，结成一个个小岛，连在一起，就成了今天的君山。君山上的72峰，就是72位螺姑娘变成的。

许多年过去，舜帝南巡，他的两个爱妃娥皇和女英随后赶来，结果船被风浪挡在了洞庭山。正在这时，传来舜帝去世的消息，二位妃子涕泪纵横，点点泪珠落在竹子上面，呈现斑斑点点，这就是君山上的斑竹，也叫“湘妃竹”。二妃悲伤过度，也身亡于此，并葬于此地。因二妃称为君妃、湘妃，为了纪念她们，当地人就将洞庭山的名字改为君山，也叫湘山。

洞庭湖之美，君山之美，还吸引了历代很多文人墨客前来游玩。自唐代以来，李白、杜甫、黄庭坚、辛弃疾和张之洞等人，都曾登临君山，并留下了许多千古绝唱。

李白曾为其写诗：“帝子潇湘去不还，空馀秋草洞庭间。淡扫明湖开玉镜，丹青画出是君山。”

孟浩然曾写诗：“八月湖水平，涵虚混太清。气蒸云梦泽，波撼岳阳城。”

秋雨夜眠

［唐］白居易

凉冷三秋夜，安闲一老翁。
卧迟灯灭后，睡美雨声中。
灰宿温瓶火，香添暖被笼。
晓晴寒未起，霜叶满阶红。

背景

唐文宗大和六年（832年）秋，60多岁的白居易正任职河南尹。当时他身体日渐衰弱，又恰逢好朋友元稹去世，此时他对政治也逐渐心灰意懒。秋雨之夜，有感而发写下这首诗。

注释

◎三秋：指秋季。秋季共有三个月，其中，七月称为孟秋，八月称为仲秋，九月称为季秋，合称“三秋”。◎宿（xiǔ）：夜。◎瓶：烤火用的烘瓶。

赏析

这首诗通过描写一个老翁在秋雨之夜的起居生活，刻画了一个闲适安逸的老翁形象。全诗前四句描写了老翁睡前的状态，后四句则描写了老翁醒来后的情形。

“凉冷三秋夜，安闲一老翁。”在一个凉意袭人的秋夜，有一个悠然闲适的老翁。“凉冷”给全诗营造了一个清冷凄凉的氛围，“安闲”二字又说明这是一个随遇而安、恬淡寡欲的老翁。

“卧迟灯灭后，睡美雨声中。”这两句写老翁灭灯以后，过了许久才躺

［南宋］刘松年绘《秋窗读书图页》

下睡觉，是伴着淅淅沥沥的秋雨声才渐入梦乡的。“卧迟”表明老年人瞌睡少，睡得晚；“睡美”表明老翁心无挂碍、了无牵挂的心境。

“灰宿温瓶火，香添暖被笼。”烘瓶里的火已经灭了，老翁起身又添了些火，目的是烤暖被子，继续美美地睡。这两句说明老翁年老体衰不耐寒，也形象地表明了老翁闲适自在的状态。

“晓晴寒未起，霜叶满阶红。”天已破晓，老翁却因寒冷不想起床，而屋外的台阶上，已经铺满了被霜打落的红叶。“霜打红叶”似乎也暗示了老翁正值人到暮年的摇落之际，由落叶到人，令诗人深有感触。“寒未起”说明老翁对秋风秋雨打落的霜叶漫不经心，突出了老翁清静淡泊的心境。

诗词深处的故事

白居易和元稹都是唐代著名的大诗人，他们的友谊也如同他们的诗一样，成了千古佳话。

他们二人的经历有不少相似之处：二人同年考上进士，一起被分配到秘书省当校书郎，一起倡导新乐府运动，主张“文章合为时而著，歌诗合为事而作”，就是说作品应该多反映时事和现实。

更巧的是，二人还一同被贬官。不过，白居易被贬到江州，元稹被贬到通州。一南一北，朝思暮想，短短几年时间，两人竟然互赠了180多首诗。

就拿其中一次书信互赠来说吧。

白居易写给元稹一首《梦微之》：“晨起临风一惆怅，通川湓水断相闻。不知忆我因何事，昨夜三回梦见君。”意思是说：早上风一吹特别惆怅，我们相隔遥远不能团聚。不知道你因为什么事想起我呢？导致我昨晚多次梦到你。

元稹收到这首诗，马上回赠白居易一首诗《酬乐天频梦微之》：“山水万重书断绝，念君怜我梦相闻。我今因病魂颠倒，唯梦闲人不梦君。”意思是说：千山万水阻碍了我们的书信，今天忽然收到你寄来的诗，你一直惦念我梦到我了，让我非常感动。我现在病得心神错乱，总是梦见一些不相干的人，却没有梦见你。

元稹病逝后，白居易悲不自胜。晚年的他开始求佛积善，捐钱建寺，只盼来生再和元稹续上一世的友谊。

秋晓行南谷经荒村

［唐］柳宗元

杪秋霜露重，晨起行幽谷。

黄叶覆溪桥，荒村唯古木。

寒花疏寂历，幽泉微断续。

机心久已忘，何事惊麋鹿？

背景

贞元二十一年（805年），永贞革新失败后，柳宗元被贬为永州司马。秋天的一个早晨，柳宗元在去往永州郊外南谷的路上，经过一个偏僻荒芜的村子，一时感伤，写下这首诗。

注释

◎杪（miǎo）秋：晚秋。杪，树梢，多指年、月或季节的末尾。◎寒花：秋花。◎寂历：凋零疏落。◎麋鹿：又名四不像，一种珍稀动物。

赏析

这是一首即景抒怀诗。

“杪秋霜露重，晨起行幽谷。”前两句写诗人跋涉的辛苦。晚秋时节，整个世界霜浓露重，诗人一早就出门了，途中路过幽深的山谷。“杪秋”“霜露重”点名季节是深秋，“幽谷”则说明这里偏僻少人，深幽宁静。

“黄叶覆溪桥，荒村唯古木。”诗人在经过荒村时看到溪桥上铺满了秋天飘落的黄叶，荒凉的村落里，到处都是虬曲苍劲的古树。“覆”说明树叶之多，“唯”说明树木之多。

“寒花疏寂历，幽泉微断续。”深秋的花因为纷纷凋零而显得稀疏了，

〔北宋〕赵佶绘《溪山秋色图》

深涧中的泉水也断断续续地流淌着。这两句描写了荒村的衰败、寂寥。

“机心久已忘，何事惊麋鹿？”这两句表面写诗人超然放达之态，实际上，诗人处境险恶，眼前荒凉、寥落的景象更增加了内心的愁绪和无奈。这里将诗人的心境和外界的荒凉衰败景象相互融合，达到了情景交融的艺术境界。

诗词深处的故事

机心，通常指机巧功利之心，出自《庄子·天地篇》中“有机械者必有机事，有机事者必有机心”。这背后还有一个典故。

据说子贡去南方的楚国游历，在返回晋国、路过汉水南岸时，看到一位老人正在院子里劳作。老人凿了一条通道下到井底，正抱着陶罐装水，然后将陶罐里的水用来浇地，非常费力却功效很低。

子贡对那个老人说：“有一种器械，一天可以浇一百亩畦地，用的力气少而且功效大，老先生您愿意用吗？”

老人抬起头问：“你说的是什么东西？”

子贡说：“用木料加工成机械，后面重而前面轻，提水就像从井中抽水一样，快得就像沸腾的水向外溢出一样，它的名字就叫作桔槔。”

谁料想老人讥笑他说：“我从我的老师那里听到这样的话，有了机械之类的东西，必定会出现机巧之类的事，有了机巧之类的事，必定会出现机变之类的心思。机变的心思存留在胸中，那么不曾受到世俗沾染的纯洁空明的心境就不完整齐备；纯洁空明的心境不完备，那么精神就不会专一安定；精神不能专一安定的人，大道也就不会充实他的心田。我不是不知道你所说的办法，只不过感到羞辱而不愿那样做呀。”子贡听了，满面羞愧，低头不语了。

其实，子贡如果生活在我们这个时代，或许会是个了不起的发明家和科学家，能更好地发挥他的智慧和才能。

早　秋

［唐］许浑

遥夜泛清瑟，西风生翠萝。
残萤栖玉露，早雁拂金河。
高树晓还密，远山晴更多。
淮南一叶下，自觉洞庭波。

背景

许浑在经历了一系列的人生波折后，对仕途产生了厌倦，有了归隐的想法。早秋时节的特有景物，又激发了诗人这种欲走还留的迷茫和困惑，写下《早秋三首》组诗，这是其中的一首。

注释

◎遥夜：长夜。◎清瑟：指瑟。瑟音清逸，故称。◎西风：指秋风。◎翠萝：攀缘植物，青萝。

赏析

这是一首描写初秋景色的咏物诗。

“遥夜泛清瑟，西风生翠萝。”“遥夜”渲染了一种静默的基调，而阵阵清婉悠扬的瑟声则打破了这一片静谧，静中有动，更增添了清冷的感觉。接着，诗人由感觉转为视觉，西风从青绿色的藤萝中吹起来。风原本是空气的流动，并不会生于藤萝中，诗人这样写，生动、形象地展示了风吹草动的情景。“翠”字写出初秋植物的深绿颜色，具有清凉之意，秋风从“翠萝”中生出，更显秋风之凉爽、凄清。

“残萤栖玉露，早雁拂金河。”写残萤栖息在寒凉晶莹的露珠上，而早

[清] 王鉴绘《关山秋霁图》

归的大雁正掠过空中的银河。“残萤”“早雁”都是秋天特有的景象，点明这是早秋时节；“玉露”“金河”将时间由夜晚转到了黎明，说明天快要亮了。

“高树晓还密，远山晴更多。”写拂晓时分，诗人看到高大的树木显得更加茂密，由于天气晴朗，远山的轮廓分明，清晰可见，就显得更加多了。

“淮南一叶下，自觉洞庭波。”诗人突然想起《淮南子》中“见一叶落，而知岁之将暮”的句子，自然也就领略到了《楚辞》中“洞庭波兮木叶下”的诗情。这两句透露出诗人对自己身世飘零、仕途无路的伤感和无奈。

诗词深处的故事

“一叶知秋”这个成语的意思是从一片树叶的凋落，就能知道秋天的到来，比喻通过个别的细微的迹象，可以看到整个形势的发展趋向和结果。

这里的“叶”就是梧桐叶。

可为什么是梧桐叶呢？

因为梧桐是秋天里落叶比较早的树木，所以在古人眼里，梧桐是有灵性的草木，能知时令。古人甚至把梧桐和同样有灵性的百鸟之王凤凰联系在一起，赋予它高贵的寓意。

比如，《诗经》里的“凤凰鸣矣，于彼高岗。梧桐生矣，于彼朝阳”，就展示了一幅美好的画面：凤与凰相和而鸣，圆润和谐的歌声飘向山岗，梧桐则身披灿烂的朝阳，蓬勃地生长着。这一段话也有勉励君主要做一个温仁乐德的明君的意味。

相传华夏民族人文先祖伏羲发现祥瑞之鸟凤凰“非梧桐不栖”，便认为梧桐是神灵之木，就用梧桐木来制作琴和瑟，声音果然优美。

后来，宋朝的宫廷中，更是把梧桐当作了秋的使者，甚至以梧桐落叶来报“立秋”的节气。

山 行

［唐］杜牧

远上寒山石径斜，白云生处有人家。
停车坐爱枫林晚，霜叶红于二月花。

背景

深秋的一天，杜牧在游历途中登上一座山。放眼望去，白云缭绕，枫林如火，有感而发写下这首诗。

［明］周臣绘《枫林停车图》（局部）

注释

◎山行：在山中行走。◎寒山：深秋时节的山。◎坐：因为。◎枫林晚：傍晚时候的枫树林。

赏析

这首诗描写了诗人山行途中的所见，通过赞美大自然秋景的美丽，表现了诗人豪爽向上的精神。

“远上寒山石径斜，白云生处有人家。”弯弯曲曲的小路，一直伸向山巅。远远望去，在云雾缭绕的地方还有几户人家。“远”字说明山路的悠远、绵延。“斜”字体现了山势高但坡度平缓的特点。诗中的白云缭绕处，还点缀着几户人家，顿时让这座大山有了人气，有了生机。这种横云断山的写法，遮挡了一部分视线，却能从多个侧面更好地表现主题，激发人们无限的想象，造成一种寓无限于有限之中的美感。

“停车坐爱枫林晚，霜叶红于二月花。”诗人走着走着，不禁停下了马车，原因是看到了一片枫树林，而且觉得这些枫叶比二月的花还要火红，还要漂亮。一路走来，美景不断，而只有这枫林晚景才让诗人有了停车观赏的想法，可见这片枫树林的确美得突出，美得耀眼。

诗词深处的故事

杜牧在诗、赋、古文等文学创作方面都取得了较大的成就，他的《阿房宫赋》是流传千古的美文，还帮助杜牧考中了进士。

当年，23岁的杜牧发现自己所处的时代政治腐败，阶级矛盾尖锐，外来侵犯不断，百姓痛不堪忍，他感到十分愤慨，于是写下了《阿房宫赋》。文章里面不仅总结了秦朝统治者骄奢亡国的教训，也向唐朝统治者发出了警告。一时间，这篇气势雄健的美文就被传开了。

26岁那年，杜牧去参加科举考试。

太学博士吴武陵骑着一头驴去见主考官崔郾，一阵寒暄后，说："我偶然遇到数十位太学生，正扬着眉毛，拍着手，读着一篇文章。我凑到眼前一看，原来是杜牧的《阿房宫赋》。像他这样的人，才是皇上的辅弼之才。"接着，就把《阿房宫赋》朗诵了一遍，崔郾听后十分惊奇。

吴武陵请求把杜牧列为状元，崔郾说第一名和第二名都定好人选了。最后在吴武陵的争取下，将杜牧暂定为第五名。

正在这时，有人提出杜牧有不拘小节的问题，崔郾立刻驳了回去："以天下为重者，不计细祉；以四海为任者，不顾小节。我已经应许了吴太学，就算杜牧是杀狗的，也不能更改了。"

放榜后，崔郾领着进士们回到长安参拜宰相和中书舍人，杜牧还作诗一首，表达了他金榜题名的心情："东都放榜未花开，三十三人走马回。秦地少年多酿酒，已将春色入关来。"

［清］邹一桂绘杜牧《山行》诗意图（局部）

凉 思

[唐] 李商隐

客去波平槛，蝉休露满枝。

永怀当此节，倚立自移时。

北斗兼春远，南陵寓使迟。

天涯占梦数，疑误有新知。

背景

李商隐在一次旅行途中，因沿途秋景而感怀，写下了这首诗，以借思念友人之情，抒发自己有志难伸的愁怀。

注释

◎凉思：凄凉的思绪。◎槛：栏杆。◎蝉休：蝉停止了鸣叫，指夜深了。◎永怀：长久的思念。◎移时：指经历一段时间。◎北斗：即北斗星。因为北斗星屹立天极，众星围绕转动，古人常用来比喻君主。这里指京城长安。◎兼春：两年。◎寓：寄，托。

赏析

这首诗直抒胸臆，层层渲染，把作者的心理刻画得十分细腻、真实，展现了诗人秋夜怀旧的愁思。

“客去波平槛，蝉休露满枝。”朋友离开时，江水正涨平了栏杆，秋蝉停止了鸣叫，露水也挂满了树枝。这两句交代了送别朋友时的场景，只有当客人离别后，独处的诗人才能注意到“波平槛”这样的细节。

“永怀当此节，倚立自移时。”写诗人永远怀念与朋友在一起的美好时光，久久倚立在水亭的栏杆边，不知不觉中已过去了很长时间，表现了诗

［明］沈周绘《两江名胜图册》之一

人对朋友的不舍。

“北斗兼春远，南陵寓使迟。”离开长安已经两个年头了，直到如今仍滞留远方未归。托去南陵传信的使者，又迟迟不带回期待的消息。由于朋友的离去，诗人产生了孤单、落寞之感，思绪悲凉。

“天涯占梦数，疑误有新知。”和朋友远隔天涯，诗人经常凭借梦境占卜吉凶，甚至怀疑朋友有了新交忘了自己。含蓄而真切地表明了诗人非常在乎这一段友情，也从侧面表现出诗人独处异乡孤独愁闷的心绪。

诗词深处的故事

李商隐是晚唐时期著名的诗人，也是进士出身，他是整个唐代为数不多的非常追求诗美的诗人。如他的千古名句“春蚕到死丝方尽，蜡炬成灰泪始干”“夕阳无限好，只是近黄昏”“身无彩凤双飞翼，心有灵犀一点通”等等，都为我们展现了一种美的意境。

李商隐在诗歌方面取得了巨大的成就，这与他成长过程中受到的教育和影响有关。

父亲是他的第一任启蒙老师，李商隐“五岁诵经书，七岁弄笔砚”。不幸的是，在李商隐不到10岁时，父亲就去世了，作为长子的李商隐就只得靠给别人抄书挣钱贴补家用了。

后来，李商隐跟随在经学、古文、书法方面都有造诣的同族叔父学习，一直学到16岁，也因擅长古文而扬名，获得一些士大夫的赞赏，其中就有担任节度使的令狐楚。

令狐楚是一位骈体文专家，他不仅教授李商隐写骈体文的方法，还资助他的家庭生活，鼓励他和自己的子弟交游。

在令狐楚的关爱下，李商隐的写作进步特别快。为表感恩之意，他还写了一首《谢书》：“微意何曾有一毫，空携笔砚奉龙韬。自蒙半夜传衣后，不羡王祥得佩刀。”意思是说：得到您的恩遇未曾有过一点点报答，只能空拿着笔砚接受您的虎略龙韬。自从您传授了我为文的方法后，王祥得到佩刀也不能让我羡慕。

李商隐不负众望，刻苦学习，终于成为一代诗作大家。

渔家傲·秋思

［宋］范仲淹

塞下秋来风景异，衡阳雁去无留意。四面边声连角起，千嶂里，长烟落日孤城闭。　　浊酒一杯家万里，燕然未勒归无计。羌管悠悠霜满地，人不寐，将军白发征夫泪。

背景

宋仁宗康定元年（1040年），宋与西夏交兵，范仲淹被任命为陕西经略副使兼知延州，担任西北边疆防卫重任。这首词就作于北宋和西夏战争对峙时期。

注释

◎渔家傲：词牌名。◎塞下：边界要塞之地。这里指当时的西北边疆。◎边声：边塞特有的声音，如大风、号角、羌笛、马嘶的声音。◎千嶂：层峦叠嶂。嶂，直立似屏障的山峰。◎燕然：古山名，即今蒙古国境内的杭爱山。这里代指边塞作战之地。◎羌（qiāng）管：即羌笛，古老的单簧气鸣乐器。◎不寐：睡不着。寐：睡。◎征夫：出征的士兵。

赏析

这首词的上阕写荒凉、萧瑟的边塞风光，下阕写戍边战士思乡忧国的情怀。

“塞下秋来风景异，衡阳雁去无留意。”一、二句点明时间是秋天，地点是在边塞。古时有“北雁南飞，到衡阳而止”的说法。这两句表面上说满目萧条的边境，令大雁都绝情飞离，实际上写边塞将士渴望回到家乡的愿望。

“四面边声连角起，千嶂里，长烟落日孤城闭。”写边塞军队里特有的声音与风光，军中号角一吹响，四面八方跟着响应，悲壮而充满力量。重

［明］汪氏辑《诗余画谱》之范仲淹《渔家傲》词意图

重叠叠的山峰里，炊烟和暮霭形成一片雾气，边地的孤城关上了城门，严阵以待。这几句将塞外的辽阔及肃杀之气表现得淋漓尽致。

“浊酒一杯家万里，燕然未勒归无计。”浊酒消不去浓浓的乡愁，边患未平，还乡之计也无从谈起。这两句是整首词的核心，表现了边疆战士热爱家乡、更热爱祖国的情感。

“羌管悠悠霜满地，人不寐，将军白发征夫泪。”羌笛声是将士不寐时所闻，满地霜是不寐时所见。这几句进一步强调边防将士既思家、又忧国的情绪，将感情推向了高潮。

这首词把爱国之情和思乡之情融为一体，情调悲壮，字字扣人心弦。

诗词深处的故事

范仲淹的“先天下之忧而忧，后天下之乐而乐”是古往今来很多人激励、鞭策自己的格言，范仲淹的这种忧国忧民的情怀是怎么形成的呢？这得从他小时候说起。

范仲淹小时候酷爱学习，后来因为家贫，曾到醴泉寺读书。寺内的住持慧通大师学问精深，对他疼爱有加，不仅向他传授《易经》《左传》《战国策》《史记》及诗词歌赋，生活上也处处周济他。这引起了一些小和尚的嫉妒，他们经常故意吵闹打扰范仲淹的学习。

一心向学的范仲淹只好去寺庙南边的一个僻静的山洞里读书。为了节省时间，他一次煮上一锅小米，放凉后画上一个十字将米饭分成四块，每顿饭只吃一块，再切一点野菜，撒上盐下饭。这就是成语典故“断齑（jī）画粥”的由来。可见，少年范仲淹学习是多么刻苦。

后来，他觉得只是这么独自苦读，容易孤陋寡闻，就外出游学，到处寻师访友。不但学问上大有长进，还开阔了视野。外出游学的路上，他目睹了老百姓因灾情严重而饿死病死的惨状，这也使他深切感受到了百姓生活的苦难和艰辛，于是就萌发了日后要救民于水火之中的责任感和使命感。

事实证明，他后来真的做到了。

阳关曲·中秋作

［宋］苏轼

暮云收尽溢清寒，银汉无声转玉盘。

此生此夜不长好，明月明年何处看。

背景

这首词为熙宁十年（1077年）八月十五日，苏轼在徐州所作。当年四月，苏辙随兄来到徐州，住到中秋之后才离去。这是兄弟二人分别7年来第一次一起赏月，共度中秋。苏轼有感，写下了这首词。

注释

◎阳关曲：词牌名。本名“渭城曲”。◎溢：水漫出来。这里有月色如水之意。◎银汉：银河。◎转：移动。◎玉盘：指月亮。

赏析

这首词描写了苏轼、苏辙兄弟共度中秋的喜悦，也抒发了不久之后两人就要分开的哀伤。

“暮云收尽溢清寒，银汉无声转玉盘。”这两句描写了中秋夜的景色。当夜幕降临的时候，云雾散尽，天地间溢出了清寒之意。银河悄无声息地挂在天上，白玉盘般的月亮正缓缓移动着，一静一动，相映成趣。“暮云收尽”从侧面说明中秋的月亮越来越明亮了，而“转”字又写出了月亮移动时的动态，巧妙形象。

“此生此夜不长好，明月明年何处看。”面对这样的团圆之夜，诗人不禁感慨美好的夜晚总是如此的短暂，进而生发出明年的这个时候又在何处观赏月亮的疑问，说明和亲人相聚赏月、共度中秋佳节的机会非常难得。一句否定，一句疑问，相互唱答，意味深长。

［清］袁江绘《瞻园图》（局部）

诗词深处的故事

苏轼和苏辙是一对暖心兄弟，更厉害的是，他们二人曾双双考中进士，并和父亲一起入选“唐宋八大家”之列，父子三人共同成就了一个熠熠生辉的“明星家庭”。

苏轼是北宋出了名的全能才子，精诗文，工书法，擅丹青，还做得一手美食。

苏辙虽然没有哥哥那么出名，但也是一个才华横溢的大才子，他比哥哥小两岁，却能在19岁的年纪和哥哥一起考中进士，可见实力也不可小觑。

不过，他们兄弟两个，尽管一母同胞，性格却截然不同。苏轼旷达洒脱，苏辙沉稳内敛。但这一点都不妨碍他们成为感情深厚的好兄弟。

苏轼有一次得了一个奇特的砚台，喜欢得不得了，但他回家后，还是忍痛割爱，将砚台送给了弟弟。而苏辙成年后，也曾多次救苏轼于危难之中，为哥哥解忧排难。

苏轼和苏辙兄弟小的时候一起学习，长大进入官场后又互相扶持，这样的手足之情，是不是很让人羡慕呢？

秋波媚·七月十六日晚登高兴亭望长安南山

［宋］陆游

秋到边城角声哀，烽火照高台。悲歌击筑，凭高酹酒，此兴悠哉。　　多情谁似南山月，特地暮云开。灞桥烟柳，曲江池馆，应待人来。

背景

宋孝宗乾道八年（1172年），48岁的陆游任四川宣抚使公署干办公事兼检法官，开始了为期9个月的从军生活。在南宋的抗金前线，一天，他登高望长安，收复关中的热情再次激发，故写下这首词。

注释

◎秋波媚：词牌名。◎高兴亭：亭名，在南郑（今属陕西）内城西北，正对当时在金占领区的长安南山。◎角声：行军打仗用的鼓角之声。古代军中多用以警昏晓，振士气，肃军容。◎烽火：古时边防报警点燃的烟火。◎筑：古代的一种弦乐器。◎酹（lèi）酒：把酒洒在地上的祭祀仪式。◎灞桥：桥名。在灞水上，位于今陕西西安城东。唐人送客至此桥，常折柳赠别。◎曲江：池名，在今陕西西安东南。

赏析

这首词是词人登高极目抒怀之作，上阕写登高酹酒的场景，下阕写遥望长安期待胜利的心情，表现了词人抗金救国的决心。

“秋到边城角声哀，烽火照高台。”写秋意来到边城，阵阵号角声传达着哀伤的情愫，而山巅上的烽火，正照亮着高兴亭。“哀”字表达了词人对国土沦丧的惋惜和悲哀。这两句渲染了一种萧瑟、苍凉的氛围，瞬间把我们带入到古战场的场景中。

“悲歌击筑，凭高酹酒，此兴悠哉。”诗人一边击筑，一边唱着悲壮的歌，站在高处把酒洒向国土，又想到收复关中的愿望很快就能实现，喜悦之情油然而生。

“多情谁似南山月，特地暮云开。”这里运用拟人的手法，赋予南山月以人的情感，仿佛它特意推开层层暮云，让诗人更清楚地看到长安南山的面目。

“灞桥烟柳，曲江池馆，应待人来。”写灞桥边如烟的翠柳，曲江池畔

［南宋］马远（传）绘《雕台望云图》

的漂亮楼馆，好似都在等待胜利归来的将士们，暗示收复中原是举国上下共同的愿望。

诗词深处的故事

陆游是南宋的文学家和爱国诗人，在“人生七十古来稀”的古代，陆游却活了80多岁，这跟他总是保持乐观的心态和懂得养生有着重要的关系。

陆游的养生涉及面很广，包括运动、饮食、心境、爱好等各个方面。那他的养生方式有哪些呢？

他在《冬日斋中即事》中说：“一帚常在旁，有暇即扫地。既省课童奴，亦以平血气。按摩与导引，虽善亦多事。不如扫地法，延年直差易。”他认为扫地能疏通气血，起到按摩身体的作用。即便是年纪很大了，还要“拥杖木鸡啄”，做些养鸡、养猪的活来活动筋骨，不让自己闲着。

他还提倡“饮罢忌久坐，时须曳筇杖”。意思是说吃完饭切忌坐着不动，适当走走才有利于身体健康。

除此之外，陆游还喜欢养花、下棋、练习书法等，并说练习书法可以“驱尽心中愁”。

从陆游的人生经历来看，他一生坎坷不得志，不是被免职，就是遭诬陷。陆游满怀抗金救国的壮志，但在45岁以前，却长期被主张投降路线的当权派所排挤。

可他并没有悲观消沉，而是很积极地在日常生活中找乐趣，还豁达地说：“纷纷谤誉何劳问，莫厌相逢笑口开。”

在人生的道路中，我们每个人都会遇到困难和挫折，遇到不开心的事情，陆游的这种面对逆境的态度，的确值得我们学习。

秋夜将晓出篱门迎凉有感

［宋］陆游

三万里河东入海，五千仞岳上摩天。

遗民泪尽胡尘里，南望王师又一年。

背景

宋光宗绍熙三年（1192年）的秋天，68岁的陆游罢归故里已经四年，此时，中原地区已沦陷于金人之手60多年。陆游在平静的村居生活中，一

［南宋］马麟绘《长松山水图页》

直惦念着中原地区的人民，盼望宋朝军队能尽快收复中原，实现国家统一。一个初秋的早晨，将晓时分，陆游走出篱门，想到中原人民还在金人的铁蹄蹂躏下生活，心头怅触，写下了这首诗。

注释

◎将晓：天快要亮了。◎篱门：竹子或树枝编的门。◎三万里河：指黄河。“三万里”形容黄河很长。◎五千仞岳：指华山。仞，古代长度单位，七尺或八尺为一仞。五千仞，形容山非常高。◎摩天：碰到天。◎遗民：指在金统治地区的原宋朝老百姓。◎胡尘：指金统治地区的风沙，这里借指金朝的暴政。◎王师：指南宋朝廷的军队。

赏析

这首诗表达了陆游对南宋统治集团苟安误国的痛恨和对尽快收复中原、实现国家统一的期盼。

“三万里河东入海，五千仞岳上摩天。”前两句写景，传达出气吞山河之势，“三万里”“五千仞”运用夸张的手法，描绘了祖国山河的壮丽奇伟。可是，如此的大好河山，却长期沦陷于金人的铁蹄蹂躏之下，不禁激起了诗人的无限愤慨。

“遗民泪尽胡尘里，南望王师又一年。”三、四句写诗人内心所感。中原人民在胡人的压迫下眼泪都流干了，他们殷切盼望着王师北伐，盼了一年又一年。“泪尽”说明中原人民经受的折磨历程之长，遭受的压迫之重，表现了中原人民对南宋朝廷收复中原的苦盼之情。

诗词深处的故事

陆游不但是个写词高手，还是个断纠纷的能手。

他因为力主抗金，得罪了朝廷的妥协派被免职，后到山阴（今浙江绍兴）隐居。

在山阴居住时，陆游很体恤当地百姓，常常帮助他们解决日常问题，深得人们的拥护。两年后，他还被推荐为地方上的甲长。只要村里有什么要紧事，大家都会来找陆游商量。即便是邻里纠纷，也都找他帮忙，而陆游总能断得一清二楚，让双方都心服口服。

有一天，一群人又闹哄哄地来找陆游了，原来是因为一个猪棚，陈大和赵四打起来了，还打到头破血流的地步。

陆游赶忙派人请医生治疗伤员，然后让他们说清楚事情的原委，就让双方回去安心等着。

第二天一早，陈大和赵四又来到陆游家，请陆游评理。谁知陆游只是询问伤情，谈论他们以前友好相处的事情，打架的事却只字不提。

几天后，伤者伤情好转，其中一方也意识到自己出手太重，主动提着慰问品去看望了另一方，一场纠纷居然自动和解了。

后来，陈大和赵四问陆游为什么当天不给解决？陆游笑着说："我当时不急着调解，就是希望你们回去消消气，大事化小，小事化了。"

陈大和赵四听了以后，感激得说不出话来。

从此以后，当地的百姓就更加敬重陆游了。

［明］戴进绘《长江万里图卷》（局部）

秋　月

［宋］朱熹

清溪流过碧山头，空水澄鲜一色秋。
隔断红尘三十里，白云红叶两悠悠。

背景

一个秋高气爽的夜晚，月光辉映下的景色别有一番韵味，朱熹（此诗作者有争议，一说是程颢所作）有感而发，写下了这首诗。

注释

◎碧山：碧绿的山，指山上树木葱茏。◎空水：指天空和溪中的流水。◎澄鲜：明净、清新的样子。◎三十：约数，这里指远离人世。◎红尘：泛指人世间。

赏析

这首诗题目为“秋月”，但诗中每一句似乎都与月亮无关，难道是题目被误传了？自然不是。

“清溪流过碧山头，空水澄鲜一色秋。”清澈的溪水潺潺流过碧绿的山头，天空倒映在清澈的水中，水光与天色相融，浑然一体，像秋色一样明朗、澄清。而这一切之所以如此清晰，正是因为笼罩在明亮皎洁的月光之下。

“隔断红尘三十里，白云红叶两悠悠。”明净的秋色带给人超脱凡尘之感，无论是天空中飘荡着的白云，还是山间摇曳着的红叶，都显得悠然自得。这里以白云的任意漂游和红叶的飘逸自得，衬托出了诗人悠闲洒脱的心境。

［明］蓝瑛绘《白云红树图》（局部）

诗词深处的故事

朱熹是宋代理学的集大成者，也被看作是孔子、孟子、荀子三位思想家之后，对中国儒家影响最大的一位学者。

那这样博学的人有什么读书秘诀吗？答案是肯定的，朱熹的很多读书理念，对现在的我们仍有很多启发。

朱熹认为读书是为了自己人格的成长和完善，因此应该有一颗强烈的好奇心，并且要坚持不懈，积少成多，而不是以勉强的心态去学习。这说明兴趣很重要。

他还说："为人自是为人，读书自是读书。凡人若读十遍不会，则读二十遍；又不会，则读三十遍至五十遍，必有见到处。五十遍冥然不晓，便是气质不好。今人未尝读得十遍，便道不可晓。"

可见，读书是要下真功夫的，不要寄希望于只读一遍就全部了解书中的道理。如果一遍不懂，就不断重复地读，直到最后真正熟悉。如果现在因为心中觉得所读的书非常困难，就产生偷懒逃避的心态，那么也就永远不会进步。

［明］蓝瑛绘《秋山红叶图》（局部）

天净沙·秋思

［元］马致远

枯藤老树昏鸦，小桥流水人家，古道西风瘦马。夕阳西下，断肠人在天涯。

背景

马致远年少时期热衷追求功名，对“龙楼凤阁”很向往，但由于元统治者实行民族高压政策，马致远一生都郁郁不得志，漂泊无依。这首小令就是他在孤独的羁旅中所作，表达了他凄苦的心境。

注释

◎天净沙：曲牌名，又名“塞上秋”，属北曲越调。◎昏鸦：黄昏时将要归巢的乌鸦。◎古道：古旧的道路。◎断肠人：形容悲伤到极点的人。这里指漂泊天涯、极度忧伤的旅人。◎天涯：天边，指远离家乡的地方。

赏析

这首小令描绘了秋天傍晚萧瑟苍凉的景色，表现了漂泊在外的游子孤苦的心境，被称为“秋思之祖”。前四句写景，作者以景托情，寓情于景，通过“枯”“老”“昏”“瘦”等字眼，渲染了一种凄凉悲苦的意境。

小令排列了十种意象：第一组特写由下而上写枯藤、老树、昏鸦；第二组由近及远写小桥、流水、人家；第三组由远及近写古道、瘦马，中间插入“西风”更有跳跃之感。“夕阳西下”则给这首小令渲染了一个大背景，将其他景象一概统摄其中。这些意象又被作者的同一情感线索串联起来，就是断肠人的真实生活。

马致远的这首小令是一首典型的悲秋诗，用最少的文字、极简的白描手法来表达丰富的情感，可见他锤字炼句的功夫之高。他选择的景物都最能体现深秋的萧瑟凄凉氛围，以更好地表现漂泊天涯的游子思念故乡的惆怅凄苦之情。

诗词深处的故事

马致远是“元曲四大家”之一，他到中年才考中进士。但当时朝廷规定，长官必须是蒙古人和色目人。所以，马致远一生没做过什么大官，还总被调来调去，官位差不多就是个虚名而已。

不过让人欣慰的是，他利用闲暇时间创作的杂剧和散曲却非常有名，甚至连他自己都没有想到，他取得的文学成就让他家乡的很多人在多年后躲过了一场灾难。

明初，燕王朱棣发动了历史上有名的“靖难之役”，并夺取了皇位。在这次政变中，河北、河南、山东的许多老百姓都惨遭杀害。

但在这个时候，东光这个地方却发生了一件幸运的事。相传燕王曾读过马致远的杂剧和散曲，对马致远非常崇敬。当他北征来到东光，本来是要把这一带百姓都杀光的，可当他听说东光是马致远的故乡后，就下令说：“逢马不杀！”于是这个地方的马姓家族就躲过了这场灾难，而且有些不姓马的人也都纷纷说自己姓马，才保全了一家人的性命。

看来一个有才学的人，不光能让自己一生受益，还有可能给整个家族带来好运。

冬

冬季是万物冬藏的季节。

冬季有立冬、小雪、大雪、冬至、小寒、大寒6个节气。

立冬意味着冬季来临，万物进入休养、收藏状态。分为一候水始冰，二候地始冻，三候雉入大水为蜃。古代立冬之日，皇帝会亲自率领三公九卿大夫去北郊迎冬，民间也有祭祖、送寒衣、宴饮、卜岁等习俗。

小雪时节天气虽寒冷，但地寒未甚，所以雪不大。分为一候虹藏不见，二候天气上升地气下降，三候闭塞而成冬。这个时节，民间有腌腊肉、吃糍粑、晒鱼干、喝刨汤的习俗。

大雪意味着天气越来越冷，降雪量增多。分为一候鹖鴠不鸣，二候虎始交，三候荔挺出。这个时节，有可能出现的天气有冻雨、雾凇、雾霾、凌汛等。甚至还会出现柳宗元《江雪》中描绘的景象："千山鸟飞绝，万径人踪灭。"

冬至是北半球白昼最短，黑夜最长的一天，分为一候蚯蚓结，二候麋角解，三候水泉动。古代有"冬至大如年"

的说法，南方有祭祖、宴饮的习俗，北方有吃饺子的习俗。

小寒意味着进入“数九寒天”，土壤冻结，河流冰封。分为一候雁北乡，二候鹊始巢，三候雉始鸲。这个时节要继续做好农作物的防冻、防湿工作，力争作物有个好收成。因为天气较为寒冷，人们的日常饮食偏重于暖性食物。

大寒是一年中最冷的时期，民谚有：“小寒大寒，无风自寒”的说法。大寒分为一候鸡乳，二候征鸟厉疾，三候水泽腹坚。其中第三候是大寒里典型的景象，指江河里的冰能一直冻到水中央，并且又厚又结实。这个时节，人们开始忙着除旧布新、腌制年肴、准备年货了，节气里充满了喜悦与欢乐的气氛。

［清］张若澄《燕山八景图》之《西山积雪》

冬十月

［东汉］曹操

孟冬十月，北风徘徊，天气肃清，繁霜霏霏。
鹍鸡晨鸣，鸿雁南飞，鸷鸟潜藏，熊罴窟栖。
钱镈停置，农收积场，逆旅整设，以通贾商。
幸甚至哉！歌以咏志。

背景

建安十二年（207年），曹操北征乌桓得胜归来，写下组诗《步出夏门行》，《冬十月》是其中的一首。

注释

◎孟冬：又称小阳春，冬季的第一个月，即农历十月。◎肃清：清除。这里形容天气明朗高爽。◎霏霏：（雨、雪、烟、云等）盛密的样子。◎鹍（kūn）鸡：古书上说的一种像鹤的鸟。◎鸷（zhì）鸟：凶猛的鸟。◎熊罴（pí）：熊和罴。皆为猛兽。◎钱镈（bó）：两种农具名，后泛指农具。这里借指农事。◎逆旅：旅馆。

赏析

这首诗描写了初冬十月北方的气候、自然景物以及人们的生活画面。

“孟冬十月，北风徘徊，天气肃清，繁霜霏霏。”北风不停地呼啸着，天气清冷，寒霜厚重，整个世界一派肃杀之气。前四句是对北方气候和自然风光的描写，说明行军的环境很恶劣，衬托出曹操及其部队不畏艰难，经得住历练。

“鹍鸡晨鸣，鸿雁南飞，鸷鸟潜藏，熊罴窟栖。”晨鸡司鸣，大雁南飞，

[元] 郭熙绘《雪山行旅图》

猛禽、野兽都不出来了。这四句描写了冬十月里动物们特有的生存状况，于肃杀严寒中透出一派平和安宁。

“钱镈停置，农收积场，逆旅整设，以通贾商。”农具收起来了，场上堆满了收获的粮食，而旅店也重新开张，接待着来来往往的商人们。这四句写农活已经结束，农家又可以开张经营自己的旅店，呈现出一派和谐、安宁的生活景象。而这种景象，正是战后人们安居乐业的状况。

“幸甚至哉！歌以咏志。”意思就是：“好极了！就用歌咏来表明我的心志吧！”这是乐府诗中一种常见的结尾形式，使配乐演唱时诗歌的节奏更加明晰。

诗词深处的故事

历史上，在父子兄弟组合里，论官当得大且文学成就高的，就属曹操、曹丕、曹植父子了，他们合称为“建安三曹”。

论官位，曹操是曹魏政权的奠基人。他去世后，曹丕受禅登基，称魏文帝，并追尊父亲曹操为魏武帝。曹植则封为陈王。

论文学成就，曹操的名篇有《短歌行》《步出夏门行》等，曹丕著有《典论》等，曹植的《洛神赋》《白马篇》《七步诗》都很有名。

可见，曹操这个父亲的确是很出色，那他教育子女的方式有什么特别的吗？

首先，曹操教育孩子的目标很明确，就是要培养治国平天下的万乘之才。

其次，根据子女的天性爱好因材施教。曹丕好武，曹操就把他带在身边，在军营中经受战火的锻炼，增长他治军、治国的才干，并将他立为太子。曹植好静，曹操就教他吟诗作赋，在父亲的教导和影响下，曹植长进很快，后来成了著名的文学家。

再次，曹操也给子女创造了一个文武兼备的、艺术的、节俭的良好家庭氛围。

所以，曹丕和曹植能成为优秀的人才也就不足为奇了。好的家庭就像一所好的学校，积极向上的家庭氛围，就像赋能加油站，会给予我们充足的能量，让我们更好地成长。

从军行

［唐］王昌龄

青海长云暗雪山，孤城遥望玉门关。
黄沙百战穿金甲，不破楼兰终不还。

背景

唐朝时期，国力强盛，人们渴望在这个时代能够建功立业。诗人受到时代精神的感染，便以悲壮的豪情，创作了组诗《从军行》，共7首，这是其中的第四首。

注释

◎从军行：乐府古题，多用来描写边塞情况和战士的生活。◎青海：指青海湖，在今青海省西宁市。◎玉门关：古关名，在今甘肃省敦煌市西北。◎楼兰：西域古国名，这里泛指西域地区少数民族政权。

赏析

这是一首边塞诗，描写了将士们誓死杀敌的决心。

“青海长云暗雪山，孤城遥望玉门关。”前两句写青海湖上升腾缭绕的云雾，笼罩着雪山，显得天色一片黯淡。边塞古城和千里之外的玉门关，两两相对，遥遥相望。唐朝时期，青海正是战争频发之地，而玉门关是军事要塞之地。这两句描写了西北边塞的境况。

“黄沙百战穿金甲，不破楼兰终不还。”后两句写在漫天飞舞的黄沙中，将士们身经百战，竟然磨破了身上的铠甲。但他们的壮志豪情从未改变，不打败敌人，绝不返回家乡。这两句描写了战争环境的恶劣，突出了战争持续的时间之久，表现了将士们报国杀敌的志向和决心，悲壮而感人。

［五代］巨然绘《雪图》

诗词深处的故事

“从军行”这个标题，实际上是乐府《相和歌·平调曲》的旧题，也是一个乐曲的名称，内容多描写边塞情况和战士的生活。

《相和歌·平调曲》中除了《从军行》，还有《长歌行》《短歌行》《猛虎行》《君子行》《燕歌行》等。演奏所用的乐器有笙、笛、筑、瑟、琴、筝、琵琶7种。

相和歌，最早就是汉代的街头歌谣，后来在这个基础上，又结合了先秦楚地的音乐而形成的。屈原在巫音的基础上，编写的《九歌》就是楚地音乐的代表。巫音就是巫觋（xí）在歌舞时用的音乐。

那巫觋又是什么意思呢？

古代把女巫叫作“巫”，男巫叫作“觋”，合称“巫觋”。后来泛指以装神弄鬼、替人祈祷为职业的巫师。那么相和歌用在什么地方呢？其主要是在官宦巨商宴饮、娱乐等场合演奏，也用于宫廷元旦的宴会以及祭祀的活动场合。

［明］沈周绘《雪山行旅图》（局部）

终南望馀雪

［唐］祖咏

终南阴岭秀，积雪浮云端。

林表明霁色，城中增暮寒。

背景

据《唐诗纪事》记载，这首诗是祖咏在长安应试时写的。当时考试规定需写成一首六韵十二句的五言律诗，结果祖咏只写了四句就交卷了。考官曾提醒他，他说“意尽”，不愿修改。结果落榜了。

注释

◎终南：即终南山，在今陕西省境内，秦岭山脉中段。◎阴岭：北面的山岭，因北面背向太阳，故曰阴。◎林表：林外，林梢。◎霁（jì）：雨雪停止，天放晴。

赏析

这首诗描写了诗人遥望终南山的所见所感。全诗短小精炼，令人意犹未尽。

“终南阴岭秀，积雪浮云端。”终南山的北岭，景色非常秀美，远远望去，岭上覆盖着皑皑白雪，就像洁白的云朵漂浮在天空中。“阴岭”表明终南山在长安城以南，诗人向南看，才能看到阴面。“浮云端”表明终南山高入云霄，积雪才可能高出云端，突出了终南山的雄壮高大。而流动着的云在山腰漫游，也增添了终南山的灵气。

“林表明霁色，城中增暮寒。”雪后初晴，夕阳的余晖为树林表面涂上了一层色彩。尽管夕阳的颜色不是固定的，但一般来说，雪后的夕阳多为红色。试想披着夕阳红的树木和大山，定是美丽迷人的。这时，傍晚的长安城，又增添了些许寒意，这是因为雪融化的时候会吸收空气中的热量。

诗词深处的故事

“寿比南山”一词出自《诗经·小雅·天保》，现在人们在给老年人祝寿时经常使用这个成语，这里的“南山”便是终南山，意思是说希望寿命能像终南山一样长久。

据说周宣王亲政的时候，他的抚养人、老师兼臣子邵穆公对他寄予了殷切的期望，希望他能励精图治，成就一番伟业。还祝福宣王“如月之恒，如日之升。如南山之寿，不骞不崩。如松柏之茂，无不尔或承”。意思是说希望周宣王治理国家的事业能像月亮一样恒定，像太阳一样蒸蒸日上，像南山一样长寿，像松柏一样茂盛。

邵穆公用世间最美好的事物作比，极尽关爱和鼓励，令人动容。其用心良苦，不言而喻。

要知道，周宣王的父亲就是因暴虐、奢侈、专横而遭百姓反抗，最终在逃亡中死去的。当时，国人攻进王宫，没有找到周厉王，就去找太子静，是邵穆公将太子静藏起来，用自己的儿子代替太子静。国人误以为真，杀了邵穆公的儿子，太子静才得以活下来。

太子静在邵穆公家里一天天长大，后来继位成为周宣王。

［清］吴榖祥绘《竹篱茅舍图》（局部）

别董大

[唐] 高适

千里黄云白日曛，北风吹雁雪纷纷。

莫愁前路无知己，天下谁人不识君？

背景

唐玄宗天宝六年（747年）春天，吏部尚书房琯被贬为宜春郡太守，门客董庭兰也被迫离开长安。这年冬天，高适在睢阳（今河南省商丘市南）见到董庭兰，写下了组诗《别董大二首》，这是第一首。

注释

◎董大：董庭兰，唐玄宗时有名的琴师，因在其兄弟中排名第一，故称“董大”。◎黄云：乌云在阳光的映照下呈暗黄色，故称为黄云。◎曛（xūn）：即曛黄，指日落时的昏黄景色。

赏析

这是一首送别诗。

“千里黄云白日曛，北风吹雁雪纷纷。”前两句描写千里黄云蒙蔽着天空，使得整个白天都是一片昏暗。凛冽的北风呼呼地吹着，大雪纷纷扬扬地飘落，大雁排着整齐的队形向南飞去。“雁”常被喻为羁旅之人，“雪纷纷”似乎暗示了朋友境遇不佳，前路阻碍重重。这两句描写了北方冬季荒凉、壮阔的景象，使送别的场面更加悲凉而伤感。

“莫愁前路无知己，天下谁人不识君？”后两句笔锋一转，诗人开始劝慰好朋友，不要担心前边路途上没有知己，像您这样有才华的人，全天下

［明］沈周绘《京江送别图》（局部）

的人有谁不知道呢？诗人的话温暖如春，如同雪中送炭，于宽慰中充满力量，也给了朋友很大的鼓舞，展现了诗人豪迈豁达的胸襟。

诗词深处的故事

董庭兰是盛唐时期才能出众的音乐家，可他居然有过宁愿去当乞丐，四处讨饭，也不愿意静心读书的时候。

直到50岁，董庭兰才开始“改邪归正”，努力读书，学着作诗。没几年，就渐渐有了名气。他的诗大多数是边塞诗，在描写战争的同时，还涉及征夫的疾苦以及深闺妇人的幽怨之情。

不过，董庭兰极负盛名的还是他的音乐成就。他很擅长弹奏七弦琴，可是因为这件乐器太古朴，难遇知音，于是他转而去苦心研究从西域传进来的筚篥，还走街串巷去吸取民间艺术精华，提升自己的技艺。

据说但凡他听说某地有乐师或是有从事音乐研究的人，就一定会前往求教。为研究乐曲，董庭兰还会查阅无数曲目，简直到了痴迷的地步。他还始终坚持“多则不精，精则不多”的原则，只对其中的上乘曲谱苦心钻研。

也正是因为董庭兰这么努力好学，他的演奏技艺才达到了炉火纯青的地步，最终成为家喻户晓的音乐家。

逢雪宿芙蓉山主人

[唐] 刘长卿

日暮苍山远，天寒白屋贫。

柴门闻犬吠，风雪夜归人。

背景

刘长卿是天宝进士，曾因事下狱，两遭贬谪，后被迁调为睦州司马。他的诗多写政治失意之感，《逢雪宿芙蓉山主人》描写的是寒冬投宿的事情，应该是遭贬后所作。

注释

◎逢：遇上。◎日暮：傍晚的时候。◎苍山：青山。◎白屋：白茅覆盖的房屋，即未加修饰的简陋茅草屋，常用来指穷苦人家。

赏析

这首诗描绘的是一幅风雪夜归图。全诗语言平实自然，意境深沉悠远。

"日暮苍山远，天寒白屋贫。"傍晚，当暮色降临的时候，苍茫的山路显得更加遥远，寒冷的天气也让山村穷苦人家显得更加贫寒了。这两句是诗人借宿山村人家前的所见，营造了一个寂寥、清寒的氛围。

"柴门闻犬吠，风雪夜归人。"写诗人听到柴门处的狗叫声，猜想是主人冒着风雪回来了。这两句是诗人借宿后的所闻、所想。犬吠声打破了夜晚的静默，夜归人给白屋增添了生气。这两句从耳闻的角度来进行描写，展示了一个犬吠人归的场面。

诗词深处的故事

刘长卿和李白有过一次不同寻常的邂逅。

当时，刘长卿正在被贬的路上，而李白正在遇赦回归的路上。

刘长卿因为仗义执言，针砭时弊，遭到大官僚吴仲儒的诬陷，一再被贬。

李白则因做过永王李璘的幕僚，一不小心卷入皇权争夺战，李璘兵败被杀后，李白受到牵连而遭流放夜郎。幸运的是，他刚到了白帝城，就遇到皇家大赦，于是便有了“朝辞白帝彩云间，千里江陵一日还。两岸猿声啼不住，轻舟已过万重山”的轻快和释然。

见面后，他们两人到底说了些什么，已无从考证。不过两人分别时，刘长卿曾在给李白的赠诗中说：“江上花催问礼人，鄱阳莺报越乡春。谁怜此别悲欢异，万里青山送逐臣。”可见，刘长卿的心情还是很糟糕的。

唐朝诗坛上的两个鼎鼎有名的人物，在这种境遇中相遇，还真是给人许多感慨。

［清］钱维城绘刘长卿《逢雪宿芙蓉山主人》诗意图

调笑令·胡马

［唐］韦应物

胡马，胡马，远放燕支山下。跑沙跑雪独嘶，东望西望路迷。迷路，迷路，边草无穷日暮。

背景

唐朝时期，因边关战事不断，很多将士驻守在边地。边关条件艰苦，生活艰难，将士们苦不堪言。这首词正是描写了戍边战士的思乡情感和艰苦生活。

注释

◎调笑令：词牌名。◎胡马：中国西北地区所产的马，素以优良著称。◎燕支山：即焉支山，在今甘肃省山丹县东。◎跑（páo）：指兽蹄刨地。◎边草：边地的野草。

［清］郎世宁绘《郊原牧马图》（局部）

赏析

这首词描写了草原上的骏马和优美风光，语言凝练，意境雄浑高远。

“胡马，胡马，远放燕支山下。”前两句点明放牧的地点，群山、草原、骏马，多种意象构成了一幅雄浑壮阔的草原风景图。

“跑沙跑雪独嘶，东望西望路迷。”有失群的马迷了路，正不知所措地、慌张地用马蹄刨着沙土，刨着雪，东张西望，不知道该往哪里去。这两句生动形象地描写了马儿迷路后焦躁不安、心神不宁的样子，也暗示了边关将士们常有的孤独忧虑的心情。

“迷路，迷路，边草无穷日暮。”最后两句交代了时间，词人借着马的视野，描写了傍晚时分草原一望无际、群山绵延不断、雾霭苍凉迷离的壮美景观，意境浑厚悠远。“迷路”为前面“路迷”颠倒而成，也是《调笑令》的定格。

诗词深处的故事

韦应物属于“浪子回头”型的才子，他出生于韦氏家族，这个家族是当时的望族之首。

那韦氏家族有多厉害呢？据说，这个家族仅在唐代就出了20位宰相。韦应物的父亲也是个擅长画花鸟山水的画家，很受唐玄宗赏识。

照这样看来，韦应物可是一个赢在起跑线上的小孩儿，但他却偏偏大字不识几个。好在他长得一表人才，15岁时，就到唐玄宗身边当了一名侍卫。

原本顽劣的他，仗着这些势力，经常胡作非为。这样的日子没有持续几年，安史之乱爆发后，唐玄宗仓皇逃到四川成都避祸，韦应物也失去了靠山。

在面对家族的迅速衰落和人生的巨变之后，韦应物才意识到，只有努力读书，日后才有前途可言，才能对得起自己的家族。

于是，他开始认真读书做文章，苦读多年，终于凭借自己的才能再次得到朝廷的赏识，并写下了诸多脍炙人口的诗篇，成为韦氏家族中诗歌成就最大的一位。

塞下曲

［唐］卢纶

月黑雁飞高，单于夜遁逃。

欲将轻骑逐，大雪满弓刀。

背景

唐德宗继位后，卢纶被任命为昭应县令。建中四年（783年），朱泚在泾原兵变，浑瑊在奉天大破数万叛军。之后，浑瑊镇守河中地区，召卢纶为元帅府判官。边塞军营的生活经历，触动了卢纶的诗心，故而写下组诗《塞下曲》，本诗为第三首。

注释

◎塞下曲：古时边塞的一种军歌。◎月黑：不见月亮的夜晚。◎单于（chán yú）：匈奴君主的称号。这里指入侵敌军的最高统帅。◎遁（dùn）：逃走。◎将：率领。◎轻骑：装备轻便且行动快速的骑兵。

赏析

这是一首描写边关将士雪夜追赶潜逃敌军的边塞诗。

“月黑雁飞高，单于夜遁逃。”在一个漆黑的夜晚，大雁突然受惊腾空飞起，原来是敌军将领率领部队想要趁着夜色潜逃。“月黑”营造出一个沉寂、静默的氛围，“雁飞高”打破了这一片静谧，为战斗增添了紧张的气氛。

“欲将轻骑逐，大雪满弓刀。”将军决定立刻率领一队轻便的骑兵去追赶潜逃的敌军，准备出发时，一场大雪下了起来，并很快就落满了弓箭和刀具。这两句说明战斗环境的恶劣和艰苦，衬托出将士们英勇无畏的精神和必胜的决心。

［五代］李赞华绘《番骑图》(局部)

本诗尽管没有直接描写战斗的场面，却给人以无限遐想，我们好似听到了战场上兵戈相见的厮杀声，也仿佛看到了将士们英勇杀敌的战斗场面。

诗词深处的故事

“单于”原本是匈奴的首领，但在这首诗中指的是敌军的统帅，为什么呢？因为唐代时已经没有匈奴这个民族了，匈奴已经与其他民族一起融入了华夏族为主体的汉族，这主要归功于汉代的著名将领霍去病。

匈奴是蒙古高原上的游牧民族，它曾经是西汉政权的主要威胁。为了维护边疆稳定，汉代著名将领霍去病曾多次出征匈奴。面对匈奴的挑衅与威胁，他曾说：“匈奴未灭，何以家为？”

那这般胆气冲天、豪情万丈的话，是对谁说的呢？就是对皇帝说的。

有一次，霍去病打了大胜仗，得胜归来。汉武帝高兴极了，亲自去迎接，说要为霍将军修建一座豪华府邸，霍去病便以这句话回复了汉武帝。

事实上，霍去病真的做到了。他英勇善战，屡屡得胜。最终，强大的匈奴被迫退回漠北，退到狼居胥山下。霍去病在狼居胥山筑坛祭天。此后“封狼居胥”成为中国历代武将的最高人生追求。

从此，祁连山以西及蒙古草原的许多地区成为汉朝的领土，北部边境更是几十年没有发生战争。

洛桥晚望

［唐］孟郊

天津桥下冰初结，洛阳陌上人行绝。

榆柳萧疏楼阁闲，月明直见嵩山雪。

背景

唐宪宗元和元年（806年），孟郊随河南尹郑余庆为水陆转运从事。从此，孟郊便定居在洛阳，生活也开始富裕一些。时值冬季的一个夜晚，孟郊有感于雪后的景色，写下了这首诗。

注释

◎天津桥：即洛桥，在今河南省洛阳西郊洛水之上。◎陌上：即路上。古代规定，田间小路，南北方向的称为“阡”，东西走向的称为“陌”。◎嵩山：五岳中的中岳，位于河南省登封市西北面。

赏析

这首诗描写了诗人初冬夜晚登上洛桥所望的壮丽之景。

“天津桥下冰初结，洛阳陌上人行绝。”洛桥下的水刚刚结了冰，洛阳大道上的行人也不见了踪影。“冰初结”说明这是初冬时节，“人行绝”说明没有什么行人，街道上呈现出一派萧条、沉寂的氛围。

“榆柳萧疏楼阁闲，月明直见嵩山雪。”榆树、柳树的叶子基本掉光了，显得萧瑟稀疏；亭台楼阁因为无人光顾，空荡闲置。抬眼望去，在那皎洁的月光下，一眼就能看到嵩山上皑皑的白雪。

这首诗由近及远，描写的场景越来越开阔，最后定格在遥远的嵩山上。明月映照着白雪，月华与雪光相得益彰，诗中巧妙地描绘了一个清新、迷人的初冬夜景，也表现了诗人开阔高远的胸襟。

诗词深处的故事

孟郊有“诗囚”之称，这是由于他的诗多描写世态炎凉和民间苦难，多数作品给人以寒瘦窘迫之感，跟贾岛的诗风相接近，苏轼称他们二人为“郊寒岛瘦”。

从孟郊的诗中，我们可以看出他的人生状况，这是由于诗的内容常常是诗人思想和人生经历的体现。

孟郊早年很贫穷，为了改变这种状况，他来到长安参加科考，谁知屡考不中。他和其他考生们一样，也期望能得到大人物的助力，常常拿着自己的诗作等候在权贵门前，结果一次次被忽视，被拒绝，可谓饱尝了冷眼和轻蔑。

让人惊叹和佩服的是，即便经历了一而再，再而三的落榜，孟郊还是坚持参加科考，像个打不死的小强。

天道酬勤，终于，他在46岁那年考中了进士，直到50岁的时候，才得到了一个县尉的官职。

有了稳定的职位和俸禄后，孟郊首先想到的就是把母亲接来安度晚年。也正是在迎接母亲的时候，他写下了那首流传千古的名作《游子吟》：“慈母手中线，游子身上衣。临行密密缝，意恐迟迟归。谁言寸草心，报得三春晖。”

一千多年过去了，孟郊的这首诗不知激起多少人对母亲的感恩之意。直到现在，很多人一提起表现母爱的诗词，首先就会想到《游子吟》，想起孟郊。

夜 雪

［唐］白居易

已讶衾枕冷，复见窗户明。
夜深知雪重，时闻折竹声。

背景

唐宪宗元和十年（815年），白居易因上书论述宰相武元衡遇刺事件，被贬官到江州任司马。元和十一年（816年），一个寒冷沉寂的冬夜，时任江州司马的诗人看到窗外的皑皑白雪，有感而发，写下了这首诗。

注释

◎讶：诧异，惊奇。◎衾（qīn）枕：被子和枕头。◎折竹声：指大雪压折竹子的声响。

［元］唐棣绘《西湖暮雪图》

赏析

这是一首咏雪诗。诗人通过描写冬天夜晚的雪，抒发了自己谪居江州时孤寂的心情。

“已讶衾枕冷，复见窗户明。”前两句写诗人在睡梦中对被子和枕头的冰冷感到非常惊讶，再看窗外，发现外面明亮亮的。前一句是诗人所感，“讶”说明雪落无声，不知不觉中，一场大雪飘然而至，以至于气温骤降，卧具冰冷难耐。第二句是诗人所见，“明”字暗示了雪之大，雪的反射光会令夜晚看起来很亮。

“夜深知雪重，时闻折竹声。”后两句交代时间已是深夜，诗人因为不时听到树枝被厚重的积雪压折的声响，判断外面的雪下得很大。前一句是诗人所感，表明时间已经很晚了。后一句是诗人所闻，“折竹声”一方面说明大雪持续下着，另一方面又显示了雪夜的寂静，更主要的是表明诗人彻夜无眠的孤寂心情。颇有寓意，韵味悠长。

诗词深处的故事

说起咏雪诗，很多人会想起东晋女诗人谢道韫小时候咏雪的趣事。

谢道韫是宰相谢安的侄女，也是著名书法家王羲之的次子王凝之的妻子。

在一个寒冷的下雪天，谢安聚集几个子侄辈讲诗论文。

外面雪下得很大、很急，谢安见机发问道：“白雪纷纷何所似?”这纷纷扬扬的白雪像什么呢?谢道韫的哥哥说：“撒盐空中差可拟。”意思是说雪就像把盐撒在空中差不多。

谢道韫则说：“未若柳絮因风起。”意思是说不如把飘扬的雪花比作风吹柳絮漫天飞舞吧。

谢安听了，笑得很开心，因为他发现，论诗才，侄女谢道韫比侄子厉害。按说，用空中撒盐来比喻雪，也挺有想象力。但是聪慧的谢道韫却觉得，盐并不能形容雪花的形状，而柳絮似花非花，飘忽无根，漫天轻舞，其状极其像雪。所以，她的比喻更胜一筹。

问刘十九

［唐］白居易

绿蚁新醅酒，红泥小火炉。

晚来天欲雪，能饮一杯无？

背景

这首诗是诗人晚年隐居洛阳思念友人时所作。一个寒冷的冬夜，诗人备好了新酿的酒，邀请老朋友刘十九来饮酒叙旧，共叙衷肠。

注释

◎绿蚁：指浮在新酿的没有过滤的米酒上的绿色泡沫。◎醅（pēi）：酿造。◎雪：名词用作动词，下雪。◎无：表疑问的语气词，相当于“吗”。

赏析

本诗描写了一个寒冷的冬天夜晚，诗人邀请朋友来家里喝酒的生活小事，充满了温暖的诗情，清新自然。

“绿蚁新醅酒，红泥小火炉。”一开场，诗人便说已经备好了新酿的美酒，酒面上微微荡漾着绿色的泡沫，酒香四溢。接着，描写小火炉烧得很旺，红彤彤的。绿酒，红火，这样的景象，在一个即将迎来一场大雪的寒冷的冬夜，一暖一冷，相互映衬。视觉上，清新明丽；心理上，暖意融融。

“晚来天欲雪，能饮一杯无?”因为快要下雪了，天气显得更加寒冷，喝酒可以驱寒，所以诗人对酒的渴望就更浓了。这里诗人通过创设意境的方式给读者留下了无尽的想象空间，言短味长，令人动容。

［明］沈周绘《雪山行旅图》（局部）

诗词深处的故事

这首诗中提到了红泥小火炉，在没有暖气的古代，人们在寒冬里主要靠它来取暖。

那红泥是怎么来的呢？红泥主要是由河流携带的陆源物质红土组成。红土的特征就是缺碱，富含铁和铝，所以呈酸性的红色。

红土适合种植柑橘，不过，也是因为它的强酸性，并且缺乏微量元素锌，会导致柑橘有“花叶”的现象，也就是叶子上有条纹、条斑，或者会出现叶子的边缘和中间的颜色不一样的情况。

红泥主要分布在中国黄海和巴西沿海等有大河注入的海域，看起来光洁明亮。所以，常常被制作成陶器，颇受人们的喜欢。

比如朱泥壶所用的朱泥，就是红泥中的精品，含铁量特别高，且产在嫩泥矿的下层，故又被称为“未触风日之石骨”。“石骨”的意思就是未完全风化的土块，质地坚如顽石，但遇水就会自行溃散。不过，因为朱泥在烧制过程中比较活跃，冷却过程也必须十分缓慢，否则很容易炸裂。朱泥壶从泥料制作到烧制成型，成品率只有60%左右，所以即便是制壶名家，也不愿多做。

还有一种食物叫红泥花生，就是把带着壳的花生，搅和到掺了调料的红泥里烘烤而成。这种花生吃起来特别香，还不上火，让人回味无穷。

江 雪

［唐］柳宗元

千山鸟飞绝，万径人踪灭。
孤舟蓑笠翁，独钓寒江雪。

背景

唐顺宗时期，王叔文掀起政治革新运动，柳宗元也是其中一员。由于反动势力的反对和抵抗，改革很快失败，柳宗元也被贬官到永州担任司马一职，在任上，他没有实权，事事都受到地方官员的监视。柳宗元只好寄情于山水，抒发自己内心的压抑和苦闷，这首诗就作于他谪居永州期间。

注释

◎万径：虚指，这里指千万条路。◎人踪：人的踪迹。◎蓑笠（suō lì）：蓑衣和笠帽。蓑，古代用来防雨的衣服。笠，古代用来遮雨的帽子，用竹篾编成。

赏析

这首诗通过描写一位老渔翁在寒冷的江面上独自垂钓的情景，来寄托诗人清高而孤傲的情感，抒发诗人在政治上失意的郁闷苦恼。

“千山鸟飞绝，万径人踪灭。”写山岭上不见鸟的踪迹，小路上不见人的影子。这两句诗把我们带入到了一个极其寒冷、毫无生机的氛围中。“千”和“万”都是虚指，强化了“绝”和“灭”的范围之广，程度之深，营造了极端的寂静和绝对的沉默，给人一种喘不过气来的压抑感。

“孤舟蓑笠翁，独钓寒江雪。”于一片静默中，出现了一叶孤舟，舟上有一个披着蓑衣、戴着笠帽的老翁。孤舟和渔翁使沉寂的世界有了生机。

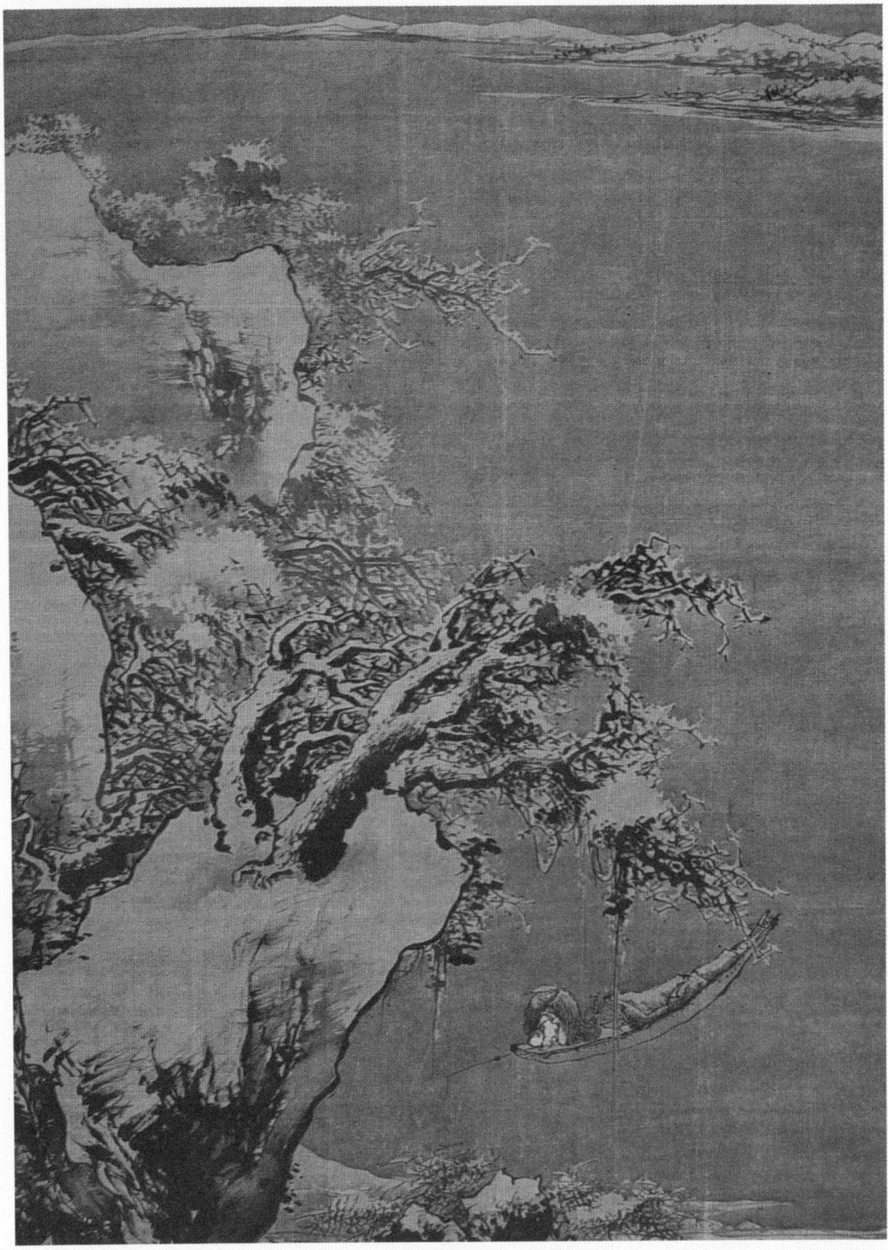

［明］朱端绘《寒江独钓图》

而这个顶风逆雪、冒着严寒也要垂钓的老翁，又带给我们极强的震撼，一个超脱世俗、清高孤傲的形象跃然纸上。

诗词深处的故事

有关《江雪》这首诗的来由，还有一个有趣的传说。

据说柳宗元被贬官后，整日闭门谢客，一有空闲，就教十二三岁的小书童柳植写字作诗。日子一天天过去了，柳植不但能吟诗作对，字也写得很不错，甚至连柳宗元的笔迹都模仿得惟妙惟肖。

有一年冬天，下了一场鹅毛大雪。柳州知府宴请文人墨客吃狗肉赏雪。席间，知府要每个客人作一首赏雪诗助兴。客人们纷纷作诗吹捧知府的德政，只有柳宗元不愿趋炎附势，独自喝着闷酒。

轮到柳宗元作诗时，他信手在宣纸上写下“千万孤独”四个大字，接着就伏在案上烂醉如泥。知府一看，很不高兴，卷起宣纸打道回府了。

柳植担心主人得罪了上司，就追下山来，在半山腰追上了知府的轿子，说：“启禀知府大人，我家老爷现在酒醒了，他命小的来取回那首尚未完成的诗稿，让他继续写。”

知府将那张写了一半的宣纸交给柳植，没好气地说：“叫他快点儿写，我在半山腰等着。”

谁知柳植匆匆回来后，就是喊不醒主人，急得直哭。正在这时，柳植看到江边停着一只小船，一个老翁披着蓑衣独自在那里垂钓，立刻萌发了诗兴，提笔在“千万孤独”四个字后面添上诗句，又写上诗题《江雪》，然后飞快地交给知府。知府一看这满纸潇洒的字体，高兴地下山去了。

柳宗元醒来后，知道了事情的来龙去脉，仔细一瞧这首诗，也很高兴，连声称赞这是一幅绝妙的寒江独钓图。

这个传说的真与假，如今没法考证了。但这首诗却成了我国诗坛上的千古绝唱，深受后人的喜爱。

北中寒

［唐］李贺

一方黑照三方紫，黄河冰合鱼龙死。
三尺木皮断文理，百石强车上河水。
霜花草上大如钱，挥刀不入迷濛天。
争瀯海水飞凌喧，山瀑无声玉虹悬。

背景

唐宪宗元和七年（812年），正值寒冬季节，吐蕃侵犯甘肃泾州，唐宪宗发兵征讨。因天气恶劣，行军路途艰苦。李贺有感而发，写下这首诗。

注释

◎一方：这里指北方。◎石：重量单位。120斤为一石。◎强车：指装载沉重的大车。◎争瀯（yíng）：波涛回旋激荡。

赏析

这首诗描写了北方冬日的景象，为我们展示了一个晦暗寒冷的冰雪世界。

“一方黑照三方紫，黄河冰合鱼龙死。”北方的天空阴沉黑暗，映带着其他三方的天色都成了紫色。因为寒冷至极，黄河的水都结冰了，甚至水下的鱼和龙估计都被冻死了。“黑”字营造了一个阴暗的气氛，加重了寒冷的程度。“死”则突出了寒冬里缺乏生机的沉寂。

“三尺木皮断文理，百石强车上河水。”三尺厚的树皮被冻裂了，连纹理都分辨不清楚了，上万斤的装载车可以在冰面上安全地行驶。“三尺”在这里是虚指，是夸张的说法，说明天气非常寒冷。

［北宋］范宽绘《雪景寒林图》

“霜花草上大如钱，挥刀不入迷濛天。”降落在草上的霜花像铜钱那么大，即便挥舞着刀剑，也难以割破灰蒙蒙的天色。迷雾飞霜，诗人在这里以极其夸张的手法表现了雾气弥漫的情景。

“争潨海水飞凌喧，山瀑无声玉虹悬。”海水不停地回旋激荡，水上的冰块相互碰撞，发出喧闹的声音。山谷里的瀑布，也被凝结成冰，像白虹一样悬挂在半空中。

诗人抓住严冬里的一些典型景物展开联想，运用一系列夸张、比喻等手法，为我们呈现了一个奇异的冰雪世界。这首诗中没有一个“寒”字，却极尽寒意。

诗词深处的故事

李贺是继屈原、李白之后，又一位著名的浪漫主义诗人。

他出生在一个没落的贵族家庭，是唐高祖李渊的叔父李亮的后代。因为武则天执政，杀了很多高祖的后代，到了李贺父亲的时候，家道就衰落了。不过，尽管生活很贫苦，李贺也没有懈怠，依旧勤奋读书，年纪尚小时就扬名京城。

可是当他18岁要赴京赶考的时候，父亲去世了，按规定他得服丧满3年才能参加考试。

3年后，21岁的李贺赴京赶考，令人哭笑不得的是，有人无事生非，提出李贺的父亲李晋肃的“晋”与“进士”的“进”谐音相同，犯了名讳，他居然被禁考了。

这在现在听来就是故意整人的借口，在当时却奏效了。李贺因此遭受了很大的打击。

后来，尽管经韩愈极力保举，他当上了一个九品小官，可李贺觉得这个官职与他的理想相差甚远。再加上妻子病逝，李贺陷入无限的悲伤中。最终忧郁成病，27岁就英年早逝。

在为李贺惋惜的同时，也让人想起那句“苏老泉，二十七。始发奋，读书籍”。苏洵27岁才开始努力，不但自己成为流传千古的文学家，还培养出苏轼和苏辙两个大才子。而李贺的一生，却在27岁就画上了句号，不禁令人叹息。

初冬夜饮

［唐］杜牧

淮阳多病偶求欢，客袖侵霜与烛盘。
砌下梨花一堆雪，明年谁此凭栏杆？

背景

唐代后期，牛李党争持续了近40年。杜牧因与牛僧孺私交甚好，被误认为是牛党。再加上杜牧常常直言切谏，遭宰相李德裕排挤。唐武宗会昌二年（842年），杜牧被外放为黄州刺史。后又迁调睦州，这首诗大概作于这个时期。

注释

◎求欢：指饮酒。◎霜：这里含风霜、风尘之意。◎砌：台阶。

赏析

这首诗通过描写诗人冬夜独自饮酒的情形，表达了其才华不展的郁闷惆怅之情。

“淮阳多病偶求欢，客袖侵霜与烛盘。”这里运用典故，“淮阳”代指汉朝的汲黯，他为人耿直，常常直言切谏。诗人在这里以汲黯自比，暗示自己是由于直言进谏被排挤出京的。因为内心愁思郁结，只好喝点酒来疏解。“侵霜”表明了迁徙之苦，暗示诗人出京外放这些年饱含的心酸。前两句勾勒出了一个在烛光下独自饮酒、苦闷孤独的诗人形象。

“砌下梨花一堆雪，明年谁此凭栏杆？”层层台阶下堆积的冬雪，好似洁白的梨花，不知明年还会有谁来这里倚栏而望呢？这两句有景有情，寓情于景，表达了诗人对流转无定的困苦和壮志难酬的隐痛。

诗词深处的故事

杜牧曾因多次直言切谏被流放，既令人惋惜，又让人敬佩。

毕竟在那样一个“普天之下，莫非王土”的时代，皇帝一不高兴就能轻易杀人，犯颜直谏往往冒着生命危险，是需要勇气的。

“直言切谏”最早出自汉代班固的《汉书·东方朔传》:“朔虽诙笑，然时观察颜色，直言切谏，上常用之。”就是说以正直的言论进言劝谏。在古代，多数指大臣对君主的直言相谏。

历史上，直言劝谏的臣子有很多，比如魏徵，但能像唐太宗李世民那样接受直谏的皇帝却不多。

有一次，唐太宗问魏徵:“历史上的人君，为什么有的人明智，有的人昏庸?”魏徵说:“兼听则明，偏听则暗。”意思是说多听各方面的意见，就能明辨是非；只听单方面的话，就容易昏庸。唐太宗深为认同，并身体力行。

可见，我们在生活学习中，要善于听取多方面的意见，并在权衡之后，加以改正，这样才能更好地成长。

［北宋］郭熙(传)绘《雪景山水图》(局部)

雪

［唐］罗隐

尽道丰年瑞，丰年事若何。
长安有贫者，为瑞不宜多。

背景

唐末，苛捐杂税繁重，地租昂贵，即便赶上丰年，农民们依旧处于非常贫困的悲惨境地。这首诗就是诗人为表达对统治者的不满而作的。

注释

◎丰年：即丰收之年。◎瑞：吉利的。◎若何：如何，怎么样。

赏析

这首诗的题目是“雪”，但诗人并没有吟咏雪景，而是表达了其对统治者的不满和对贫苦百姓的同情。

“尽道丰年瑞，丰年事若何。”人们都说瑞雪兆丰年，可真的遇上丰收之年，又怎么样呢？这两句饱含嘲讽的意味，作者运用反问句式增强了语气，起到了当头棒喝的效果。

“长安有贫者，为瑞不宜多。”原来长安有许多贫苦人，他们食不果腹，衣不蔽体，甚至无家可归，露宿街头。所以，即便是瑞雪，也不能再多了，否则第二天的长安街头，恐怕又会多出一些“冻死骨”。

全诗充满了凄凉、寒冷的意味，诗中饱含的讥讽之情，表达了诗人对统治者的满腔愤怒，给人以强烈的震撼。

［元］曹知白绘《雪山图》

诗词深处的故事

瑞雪兆丰年是一个汉语成语，意思是说适时的冬雪预示着第二年是个丰收之年。

按说雪是极寒之物，对庄稼来说，为什么下雪会是个好兆头呢？

原来，寒冬的雪只是冷在了外面。降落到地面的积雪疏松多孔，一半左右都是空气。空气是不易导热的，里面的热量出不去，外面的冷空气进不来。所以，它就像一床神奇的棉被保护着田地里的庄稼。

待到春回大地的时候，要春耕了，倘若遇上春旱少雨，也是极其糟糕的事情。这个时候，天气回暖，地里的积雪慢慢融化，大部分雪水渗入土壤中，让大地饱饱地喝个够。融化后的雪水，还携带着许多氮化物，能够增强土壤的肥力。

另外，李时珍的《本草纲目》中说："雪，洗也，洗除瘴疠虫蝗也。腊前三雪，大宜菜麦，又杀虫蝗。"冬雪还能冻死一些害虫的虫卵，间接保护了庄稼。

可见，寒冷的冬季，适时地下场大雪还是很有好处的。

［元］朱德润绘《雪溪归棹图》（局部）

元　日

［宋］王安石

爆竹声中一岁除，春风送暖入屠苏。

千门万户曈曈日，总把新桃换旧符。

背景

治平四年（1067年），宋神宗即位，王安石深受器重。1069年，王安石任参知政事，开始主持变法。这首诗便作于这年的春节。

注释

◎元日：指农历正月初一。◎除：逝去。◎屠苏：用屠苏草浸泡的酒，一般在元日饮用，据说可以祛除瘟疫。◎曈（tóng）曈：太阳刚出来时光辉灿烂的样子。◎新桃换旧符：用新桃符换下旧桃符。桃符用桃木制成，上面绘有神像，据说挂在门上可以求福避祸，是春联的前身。

赏析

这首诗描写了喜气洋洋的春节景象，充满了蓬勃向上的精神，抒发了诗人急于政治革新的思想情感。

“爆竹声中一岁除，春风送暖入屠苏。”在一阵阵的爆竹声中送走旧岁，迎来新年。和煦的春风送来了暖意，人们欢欢喜喜畅饮着新酿的屠苏酒。燃放爆竹、喝屠苏酒是春节特有的习俗。诗人通过描写这些习俗，营造了热闹浓郁的节日氛围。

“千门万户曈曈日，总把新桃换旧符。”千家万户都笼罩在初升朝阳的光照中，人们都忙着取下旧桃符，换上新桃符。诗人在这里通过描写新年新气象，抒写自己革新政治、除旧布新的决心和自信。

[清] 费丹旭绘王安石《元日》诗意图

诗词深处的故事

变法是王安石最大的梦想，也是他最无奈的痛。

因为主持变法，王安石曾遭到群臣反对，起起落落中，他的人生屡生变故，儿女也受到了许多伤害。

王安石的儿子王雱是个天资聪慧的人，22岁就中了进士，却在33岁时英年早逝。这其中最主要的原因就是他为了支持父亲变法，对付政敌时给人留下了把柄，最终忧郁而死。

王安石还有一个长女，诗歌造诣很深，王安石称她“出于蓝而更青”。这个爱女后来嫁给了吴充的二儿子，而吴充却是极力反对新法的一派。王安石被罢相后，吴充继任。

所以，女儿在吴家的处境就很尴尬了。她常常想念亲人，曾在给父亲的诗中说：“西风不入小窗纱，秋意应怜我忆家。极目江山千万恨，依然和泪看黄花。”

王安石收到爱女的诗，心里也特别难过，就给女儿送去一部《楞严经》，并和诗劝慰她：“青灯一点映窗纱，好读楞严莫忆家。能了诸缘如幻梦，世间唯有妙莲花。”没有更好的办法，老父亲只能帮助女儿通过参禅来修身养性。

儿子的早逝，女儿在婆家的尴尬境遇，都令王安石很揪心。所以再次拜相的第二年，王安石想起重重的阻碍和种种的痛苦，便坚决辞去了宰相之位。

梅　花

［宋］王安石

墙角数枝梅，凌寒独自开。
遥知不是雪，为有暗香来。

背景

宋神宗熙宁九年（1076年），王安石因变法再次罢相后，失望至极，放弃改革，退隐钟山。时值寒冷的冬季，墙角的几支梅花触动了诗人孤独的心，因此写下这首诗。

注释

◎凌寒：冒着严寒。◎为：因为。◎暗香：指梅花的幽香。

赏析

这是一首咏梅诗，通过描写梅花不畏严寒，在墙角傲然独放的姿态，表现了诗人在恶劣环境中坚持操守的品格。

“墙角数枝梅，凌寒独自开。”墙角的几支梅花，冒着严寒独自开放了。“墙角”，说明梅花是在一个偏僻的角落独自开放，暗示诗人也正处于不被赏识和重用的处境。“凌寒”表明梅花不畏严寒的特征，“独自开”写梅花孤芳自开的形态，这些都暗示了诗人坚持自我的信念。

“遥知不是雪，为有暗香来。”远远看去，就知道梅花不是雪花，为什么呢？因为有阵阵香气扑鼻而来。“遥知”说明诗人具有独到的辨别能力，“暗香”，以梅花的香气喻指诗人高贵的品格。

［明］陈洪绶绘《梅花山鸟图》

诗词深处的故事

王安石当宰相的时候，曾“教训”过一次苏轼。

相传有一天，苏轼去看望王安石，恰好王安石出去了。苏轼看到书桌上有一首咏菊诗的草稿，只写了开头两句：

西风昨夜过园林，吹落黄花满地金。

苏轼心想：“西风”就是秋风，“黄花”就是菊花，菊花最耐寒，敢与秋霜斗，怎么会被秋风吹落呢？于是，他也不考虑王安石是他的前辈和上级，提笔就续了两句：“秋花不比春花落，说与诗人仔细吟。”然后就走了。

王安石回来以后，认出是苏轼的笔迹，心里很不痛快：“屈原的《离骚》里就有‘夕餐秋菊之落英’的诗句，不知自己才疏学浅，反倒讥笑老夫！不过也怪不得，他并不知道黄州菊花落瓣！”

为了用事实“教训”一下苏东坡，王安石就把苏东坡贬为黄州团练副使。

这一年的重阳节，天气分外清朗，恰好好友陈季常来访，苏轼就邀请他到后园赏菊。令他惊讶的是，菊花纷纷落瓣，果真如满地铺金。

苏轼想起给王安石续诗的往事，感叹道：“当初却是我错了。”

可见，很多时候，面对我们不了解的事情，不能妄下结论，通过实践了解一下是很有必要的。

［清］金农绘《梅花图册》之一

清平乐

［宋］李清照

年年雪里，常插梅花醉。挼尽梅花无好意，赢得满衣清泪。　　今年海角天涯，萧萧两鬓生华。看取晚来风势，故应难看梅花。

背景

金兵入侵后，国破家亡，李清照开始了颠沛流离的生活，晚年生活凄惨孤独。一年冬天，看到梅花盛开，回想起自己人生的早年、中年和晚年赏梅的心路历程，心生感慨，写下了这首词。

注释

◎清平乐：词牌名，通常被认为取用汉乐府“清乐”“平乐”两乐调命名。◎挼（ruó）：揉搓。◎无好意：没有好心情。◎赢得：博取，这里指落得。

赏析

这首词上阕忆旧，下阕伤今，将词人的身世之苦和国家之难糅合在一起，描写了李清照一生的早年、中年、晚年三个时期冬日赏梅时的典型画面。

“年年雪里，常插梅花醉。”开头两句回忆了词人早年和丈夫赵明诚冬日赏梅花的情景。“醉”字表明词人为梅花而醉，表现了词人在赏花时的快乐心情。

“挼尽梅花无好意，赢得满衣清泪。”这两句描写词人在中年饱尝人世的艰辛后，赏梅时兴致大减，展现了忧伤哀怨的心绪。“挼梅”和前文的

［清］陈枚绘《月曼清游图》之《寒夜探梅》

“插梅”形成对比，表现了词人在不同阶段赏梅心情的变化。

“今年海角天涯，萧萧两鬓生华。”北宋灭亡后，词人被迫南下，这里词人哀叹自己漂泊到偏远的地方，青春已逝，美好年华已尽。

“看取晚来风势，故应难看梅花。”看那晚风来势凶猛吹打着梅花，大概是看不到它的绚烂开放了。这两句反映了词人晚年沦落他乡时赏梅的凄苦心境，这里既是对自身境遇的哀叹，又寄托着词人对国家命运的担忧。“风势”在这里既可以指自然界的风，也暗指词人遭遇的坎坷及国家内部遭受的不利形势。

诗词深处的故事

李清照有“千古第一才女”之称，她的很多词都成为千古流传的名篇。李清照能取得如此大的文学成就，跟她的成长历程有着重要的关系。

李清照生长在一个文化艺术氛围浓郁的家庭里，父亲是进士出身，还是苏轼的学生，母亲则是状元的孙女，两人都很有文学修养。所以她从小饱受诗书礼乐的熏陶，琴棋书画，样样精通。

另外，李清照家里经常会有一些文人政客到访，从他们与父亲的交谈中，李清照开阔了视野，树立了远大的抱负和理想。

再加上李清照聪慧，领悟力强，16岁的时候，就写出了《如梦令》，轰动京城。后来，李清照果然成了宋朝词坛上独树一帜的女词人。

冬夜读书示子聿

［宋］陆游

古人学问无遗力，少壮工夫老始成。

纸上得来终觉浅，绝知此事要躬行。

背景

这首诗写于宋宁宗庆元五年（1199年），一个寒冷的冬日夜晚，外面北风呼啸，冷气逼人，陆游在书房潜心读书。联想到古人读书做学问的勤奋刻苦，便抑制不住内心的情感，写下这首诗，以告诫儿子子聿。

注释

◎示：教导、指示。◎子聿（yù）：陆游的小儿子。◎工夫：指做事所占用的时间和精力。◎绝知：深入、透彻的理解。◎躬行：亲自去做，亲身实践。

赏析

这是一首父亲写给儿子的劝学诗，目的是告诫儿子要珍惜时光，努力读书，要学习古人做学问的精神，表现了一个父亲对儿子殷切的期望。

“古人学问无遗力，少壮工夫老始成。”古人做学问总是不遗余力的，年轻时要肯下功夫，这样到了老年才会有所成就。“无遗力”说明古人做学问努力程度之深，是全力以赴、坚持不懈的。“老始成”则说明做学问是一生的事情，要活到老，学到老。

“纸上得来终觉浅，绝知此事要躬行。”从书本上得到的知识终究是浅薄的，想要全面、透彻地了解其中的道理，还需要亲身实践。这里诗人将书本知识的学习和亲身实践联系起来，说明只有经过实践，才能将书本上学到的知识变成自己的本领。

［清］虚谷绘《冷香馆读书图》

诗词深处的故事

自古以来，有许多有关劝学的诗文。

清代萧抡谓在《读书有所见作》中说：“人心如良苗，得养乃滋长。苗以泉水灌，心以理义养。一日不读书，胸臆无佳想。一月不读书，耳目失清爽。”这首诗列举了读书的好处和不读书的坏处，劝诫人们要多读书，并且要持之以恒、坚持不懈地读。

唐代颜真卿在《劝学诗》里说：“三更灯火五更鸡，正是男儿读书时。黑发不知勤学早，白首方悔读书迟。”这首诗劝勉我们年轻时要珍惜时光，多读书才能有所作为，避免到年老的时候后悔自己一事无成，却悔之晚矣。

还有宋真宗赵恒的《励学篇》：“富家不用买良田，书中自有千钟粟。安居不用架高楼，书中自有黄金屋。出门莫恨无人随，书中车马多如簇。娶妻莫恨无良媒，书中自有颜如玉。男儿欲遂平生志，五经勤向窗前读。”这位皇帝强调只要专心勤读书，功名利禄自然都有了。

可见，读书的确是实现我们美好愿望的重要途径。

稚子弄冰

［宋］杨万里

稚子金盆脱晓冰，彩丝穿取当银钲。

敲成玉磬穿林响，忽作玻璃碎地声。

背景

宋孝宗淳熙六年（1179年）春，当时杨万里正在常州任职。一日，他看到小孩子模仿打春牛的习俗，拿冰块当锣敲打，一时兴起，写下这首诗。

注释

◎稚子：幼小的孩子。◎钲（zhēng）：一种金属打击乐器，形状像钟，有长柄。◎磬（qìng）：一种打击乐器，用玉或石制成，形如曲尺。◎玻璃：指古时一种天然玉石，又称水玉，并不是现在的玻璃。

赏析

这首诗描写了冬日小孩子们玩冰的生活场景，清新明快，充满童真童趣。

“稚子金盆脱晓冰，彩丝穿取当银钲。”清晨，小孩子从金属盆里把冻冰取出来，穿上丝线当锣敲。古代把金属统称为金，这里的“金盆”其实是铜盆。这两句生动地表现了小孩子贪玩、不怕冷、聪明机灵的特点。

“敲成玉磬穿林响，忽作玻璃碎地声。”小孩子手提银锣似的冰块，在树林里边敲边跑。忽然传来一声清脆的水玉破碎的声音，原来是他们的冰块掉在地上摔碎了。银锣发出玉磬般美妙的乐声，既悦耳，又传得远。这两句描绘出小朋友在树林里敲冰玩闹的场景，体现了他们自得其乐的盎然意趣。

诗词深处的故事

这首诗里，小孩子将冰块当锣敲的做法，是在模仿一种打春牛的习俗。

相传神农氏是农业的创始者，他看到鸟儿衔种，由此发明了五谷农业。古时候，三皇五帝都很重视农业。到了周朝的时候，国家每年都会举办一次隆重的迎春仪式。

立春的前一天，各地的官吏们都要洗澡，穿素服，不坐轿子不骑马，步行到郊外。然后聚集乡民，设桌上供，焚香叩头。还要在供桌前做一个土牛，让扮作“勾芒神”的人举鞭打土牛，这土牛就被称为“春牛”。“打春牛”的意思是打去春牛的懒惰，迎来新一年的丰收。

后来，人们将土牛换成了纸牛，牛肚子里面装上五谷，让“勾芒神”举鞭狠打，牛被打倒，纸被打烂，里面的五谷撒出来，这象征着打出一年的五谷丰登。

又过了许多年，纸春牛又换成了真春牛。据说是有个清廉的大官犯了罪，皇帝把他贬去做小官，上任那天，正是迎春之日，他看到“勾芒神”正在用劲鞭打纸春牛，觉得可笑，于是写了半首诗《春牛榜子》：“不得职田饥欲死，儿侬何事打春牛？”

然后，他搬来犁杖，牵来黄牛，让衙役们弄个竹筒子扎在地上，里面装个绒鸡毛。常言说，立春时刻阳气升，只见绒鸡毛轻轻地向上浮动，徐徐地出了竹筒，轻飘飘地上了天。这位官员迎天抽了个响鞭。牛走了，犁动了，春耕开始了，他犁了一遭又一遭，直犁到日头落山时才回到衙门。

晚上，他诗兴大发，提笔给《春牛榜子》又添了两句：“岁首常思盘中餐，脆鞭一响打出春。”

从这以后，人们就把立春叫作“打春”。

山中雪后

［清］郑燮

晨起开门雪满山，雪晴云淡日光寒。
檐流未滴梅花冻，一种清孤不等闲。

背景

郑燮出生时，家道已中落。因家境穷困，他年轻时曾以卖画为生，饱尝人间心酸。冬日的一天，山中下了一场大雪，诗人看到雪后的美景，见景生情，写下这首诗。

注释

◎檐（yán）：屋顶向旁边伸出的边沿部分。◎清孤：清冷孤寂。◎等闲：平常、一般。

赏析

这是一首寓托身世的诗，诗人借描绘冬日山中的雪景，抒发了对自己历经苦难的身世的感慨。

“晨起开门雪满山，雪晴云淡日光寒。”前两句写诗人一早醒来，推开门，便看到满山银装素裹的壮景。此时，雪已停，云也淡，耀眼的日光携带着冷冷的寒气。“雪满山”说明雪之大，雪之厚。“日光寒”则营造了一个肃寂、清冷的氛围。

“檐流未滴梅花冻，一种清孤不等闲。”后两句写屋檐上厚厚的积雪还没有融化，院子里的梅花好像也被冻住了，迟迟没有开放。“未滴”与“冻”再次渲染了天气的寒冷。情景交融，表现了诗人清高坚韧的性格和洁身自好的品质。

[元] 黄公望绘《九峰雪霁图》

诗词深处的故事

郑燮，就是我们常说的大画家郑板桥，他是清代有名的书画家和文学家。

郑板桥的求学之路可谓特殊。他在康熙年间，中了秀才；雍正年间，中了举人；乾隆年间，中了进士。

做官后，他立志做个体恤百姓的好官。遇上灾荒之年，他积极想办法救济百姓，结果引起了一些贪官污吏、恶豪劣绅的不满，于是被贬官了。

之后，郑板桥就靠卖画养活自己和家人。郑板桥一生只画兰、竹、石，自称“四时不谢之兰，百节长青之竹，万古不败之石，千秋不变之人”。

郑板桥卖画，不像历来文人画家那样，不好意思要价钱。他大大方方地制定了《板桥润格》，还要求定画必须先交定金，成为中国画家中明码标价卖画的第一人。

鲁迅曾说：“第一个吃螃蟹的人是很令人佩服的，不是勇士谁敢去吃它呢？”郑板桥正是这样有勇气的人。他的这种做法，也受到当时很多人的非议，他就写诗说：“任渠话旧论交接，只当秋风过耳边。”

可见，郑板桥还是个坚持自我的人。

［清］张培敦绘《雪夜吟梅图》（局部）